NUR MUT!

4 Leitbilder und 14 Denkweisen,
mit denen wir eine bessere
Zukunft gestalten

Autorinnen und Autoren der Originalpublikationen

Der neue Resonanz-Tourismus
Nils Egger, Harry Gatterer, Anja Kirig, Verena Muntschick, Nina Pfuderer, Christian Schuldt, Christiane Varga

Die Welt nach Corona
Daniel Anthes, Dr. Stefan Carsten, Dr. Daniel Dettling, Harry Gatterer, Matthias Horx, Oona Horx-Strathern, Anja Kirig, Franz Kühmayer, Corinna Mühlhausen, Nina Pfuderer, Janine Seitz, Prof. Dr. Stefan Tewes

Megatrend-Dokumentation (2018)
Tristan Horx, Anja Kirig, Christoph Kristandl, Verena Muntschick, Lena Papasabbas, Christian Rauch, Christian Schuldt, Janine Seitz, Julia Senft

Hands-on digital
Harry Gatterer, Christoph Kappes, Cornelia Kelber, Franz Kühmayer, Verena Muntschick, Lena Papasabbas, Christian Schuldt, Prof. Dr. Peter Zec

Generation Global
Tristan Horx, Cornelia Kelber, Verena Muntschick, Lena Papasabbas

Zukunftsreport 2019
Niels Boeing, Dr. Daniel Dettling, Harry Gatterer, Matthias Horx, Oona Horx-Strathern, Tristan Horx, Anja Kirig, Christof Lanzinger, Lena Papasabbas, Christian Schuldt, Janine Seitz, Prof. Dr. Martin Tajmar

Die neue Achtsamkeit
Harry Gatterer, Matthias Horx, Verena Muntschick, Diana Hertle, Anja Kirig, Daniel Anthes, Christian Schuldt, Lena Papasabbas, Nicole Brandes

Slow Business
Daniel Anthes, Gabriel Diakowski, Anja Kirig, Christian Rauch, Hanni Rützler, Janine Seitz, Christiane Varga

Neo-Ökologie
Verena Muntschick, Lena Papasabbas, Nina Pfuderer, Christian Schuldt, Janine Seitz

Digitale Erleuchtung
Dirk Baecker, Alexa Clay, Harry Gatterer, Matthias Horx, Christoph Kappes, Florian Kondert, Carl Naughton, Christian Schuldt, Lena Papasabbas, Janine Seitz

Free Creativity
Ella Kaltenegger, Jakob Kibala, Verena Muntschick, Lena Papasabbas, Nina Pfuderer, Selina Salam, Christian Schuldt, Janine Seitz

Playful Business
Florian Kondert, Carl Naughton, Lena Papasabbas, Philipp Reinartz, Christian Schuldt, Silke Seemann, Janine Seitz

IMPRESSUM

Herausgeber Harry Gatterer, Matthias Horx

Geschäftsführung Harry Gatterer

Projektleitung Verena Muntschick

Redaktion Emma Gisinger, Ines Matzelle

Lektorat Franz Mayer

Art-Direktion Benedikt Eisenhardt

Gestaltung Sabrina Katzenberger

Druck Henrich Druck und Medien

ISBN 978-3-945647-74-5

Zukunftsinstitut GmbH
Kaiserstr. 53, 60329 Frankfurt am Main
Telefon: +49 69 26 48 48 9-0
Fax: +49 69 26 48 48 9-20
info@zukunftsinstitut.de
www.zukunftsinstitut.de

Inhaltsverzeichnis

Denken in Rundungen

Was geschieht mit uns, wenn eine hochkomplexe, beschleunigte, vernetzte, auf unentwegtes Wachstum ausgelegte Gesellschaft mitten in ihrem Lauf gestoppt wird – so wie in der Coronakrise? Alles kann passieren. Alles Mögliche. Und alles vorher scheinbar Unmögliche: Zusammenbrüche. Wutanfälle. Leugnungen aller Art. Aufstände. Machtverschiebungen. Bürgerkrieg. Ja, auch das. Oder auch: Mindshifts. Veränderungen des Bewusstseins.

MATTHIAS HORX

Der Gründer des Zukunftsinstituts gilt heute als einflussreichster Trend- und Zukunftsforscher im deutschsprachigen Raum. Er ist Autor zahlreicher Bücher und Studien sowie profilierter Redner zu sozialen, technologischen, ökonomischen und politischen Trends.

DIE ZUKUNFT BEGINNT MIT MINDSHIFTS

Können Sie sich noch erinnern, wie im Höhepunkt der Corona-Krise, im März und April, plötzlich alles auseinanderzufallen schien? Plötzlich stimmten unsere Erwartungen der Zukunft nicht mehr mit der erlebten Wirklichkeit überein. Eine kognitive Dissonanz, ein existentieller Schwindel erfasste uns. Der Philosoph Philipp Blom beschrieb das in seinem Buch „Das große Welttheater – Von der Macht der Vorstellung in Zeiten des Umbruchs" so (Blom 2020):

„Ein Vakuum entsteht, ein Moment der Sprachlosigkeit, wenn auch nicht der Stille. Viele Stimmen versuchen, durch ihre Lautstärke oder ihre Emotion davon abzulenken, dass sie längst sprachlos geworden sind. [...] Jede Überzeugung ist suspekt, alle Fakten gelten als Konstrukte, hinter jeder Wahrheit verbergen sich Manipulation und Hegemonie. Panik setzt ein [...]. Im 16. Jahrhundert waren es Selbstgeißelungen, Kirchenlieder und Hexenprozesse, die verdecken sollten, dass die Geschichten der Vergangenheit den Herausforderungen der Gegenwart nicht die Stirn bieten konnten [...]."

Könnte sich durch die Coronakrise auch das Denken verändern? Könnten wir also auf neue Weise den Herausforderungen unsere Stirn (an)bieten? So unmöglich, wie es uns die ewigen Kulturpessimisten („Der Mensch verändert sich nie...") weismachen wollen, ist das gar nicht. Nicht selten waren es in der Vergangenheit Einbrüche, plötzliche Katastrophen, Krisen, die eine neue gesellschaftliche

Mentalität, einen anderen Mainstream des Denkens freisetzten – und damit ein neues Zukunftsbild schufen. Die Pest des Mittelalters führte letztlich in die Renaissance, deren Kern eine Neuentdeckung des Menschen darstellte. Das Erdbeben von Lissabon 1755 gab der Aufklärung einen kräftigen Schub – ein neues Deutungsmuster wurde sichtbar und deutungsmächtig. In einer Krise muss man sich entscheiden. „Vor dem Entscheiden kommt das Erkennen. So sortieren wir die Welt" (Lotter 2020). Manche Krisen, das wissen wir auch aus unserem persönlichen Leben, wirken wie eine Schocktherapie, in der Heilsames entsteht.

Dieses Buch ist eine Kondensation dessen, was wir einen futurologischen Mindshift nennen. Dabei geht es weniger darum, Technologie naiv zu bewundern – das, was man normalerweise als „futurologisch" bezeichnet. Es geht um die Frage, wie die Strukturen unseres Denkens, unseres Mind, die Zukunft prägen. Oder auch: Wie Vorstellungen der Zukunft auf Kultur, Gesellschaft, Wirtschaft und uns selbst zurückwirken. Das ist die Regnose, die im Gegensatz zur Prognose nicht die äußere Welt vorausdenkt, sondern die innere Wirklichkeit antizipiert.

Krisen wirken wie eine Schocktherapie, in der Heilsames entsteht.

Denken ist nicht nur ein Aneinanderreihen logischer Gedanken, ein „Prozessieren“, wie wir es vom Computer gewohnt sind. Gutes (futuristisches) Denken ist energetisch. Es beinhaltet Gefühle, Intuitionen, Berührungen, vor allem aber: Zusammenhänge. Es ist Wahrnehmen und Wahrmachen dessen, was ist. Und dessen, was werden kann. Heute stehen wir an einem Übergang von den rationalistischen, linearen Denkmustern der Industriegesellschaft – die letzten Endes in die Coronakrise geführt haben – zu dem, was die Science-Fiction-Autorin Ursula K. Le Guin (eine der wenigen Frauen in der utopischen Literatur) einmal listig das „Denken in Rundungen“ nannte (Le Guin 2020). Das ist eine schöne Metapher für das, worum es auf den kommenden Seiten geht.

P.S.: Können Sie sich noch erinnern, wie der Komet Neowise die Erde besuchte? Von Mitte März bis Mitte April, auf dem Höhepunkt der Coronakrise, war er am Abendhimmel zu sehen. Neowise wurde nach einem Teleskop benannt, mit dem er entdeckt wurde. Dann verschwand er in den Tiefen des Weltalls, um für die nächsten 6.000 Jahre nicht wiederzukehren. Natürlich ist das ein rein kosmologischer Zufall. Aber doch interessant, oder?

Nur Mut!
wünscht Matthias Horx

NUR MUT

Das Post-Corona-Mindset

INSPIRATION TANKEN – KRAFT SCHÖPFEN

Die Coronakrise hat viel Kraft gekostet. Wir haben zeitweise all unsere Energie darin investiert, dass alles irgendwie „weiter funktioniert". Mittlerweile erleben wir in Teilen wieder so etwas wie Normalität – auch wenn wir fühlen, dass die Welt nicht mehr ganz die alte ist. In den Ruhepausen versuchen wir, uns wieder Zeit für uns zu nehmen, aufzuatmen, uns zurückzulehnen und die Zügel ein wenig lockerer zu lassen. In diesen Augenblicken des Innehaltens bekommen wir aber auch unsere Erschöpfung aus den Anstrengungen der Krisenzeit zu spüren. Wir sind ausgelaugt – so ganz sind die Erfahrungen, die mit der Krise einhergingen, noch nicht verarbeitet. Und: Es wird noch lange nicht vorbei sein. Es bleibt viel zu tun, das zeichnet sich am Horizont deutlich ab. Aber wie können wir wieder zu uns selbst finden und woraus können wir neue Inspiration und Kraft schöpfen? Wie kann unser weiterer Weg aussehen und in was wollen wir unsere Energie investieren? Welches Denken, welche Haltungen können uns innerlich stärken, Mut machen und in der Zukunft besser leiten?

4 LEITBILDER UND 14 DENKWEISEN

Die hier versammelten 14 Denkweisen zeigen, was es schon an guten Gedanken über die Welt gibt und an welche wir jetzt anknüpfen können. Die 4 Leitbilder, unter denen sie stehen, entwerfen das Bild einer guten Zukunft, die wir anstreben können: eine, die inspiriert, die Hoffnung und Freude macht, die wieder Lust auf Zukunft macht. Etwas, woran wir glauben können, das uns optimistisch stimmt und das uns Orientierung gibt auf unserem Weg in die Zukunft. Denn die wird jetzt gerade von uns allen neu geschrieben!

Die 4 Leitbilder und 14 Denkweisen sind ein Angebot, lohnenswerte Gedanken und Ansichten über die Welt zu entdecken, neue Haltungen einzunehmen und sie letztendlich auch zur Grundlage des eigenen zukünftigen Handelns werden zu lassen. Sie regen das Denken an und helfen, die verlorene Energie zurückzugewinnen. Sie sind nicht dazu da, um 1:1 kopiert und übernommen zu werden – denn unsere (Zukunfts-)Bilder können nur in uns selbst entstehen. Sie dürfen aber dazu animieren, sie sich in ganz individueller Form zu eigen zu machen und noch besser zu werden darin, wie wir sowieso schon denken und handeln. Unser Denken formt die Wirklichkeit – woran wir glauben und wie wir die Zukunft denken, so gestalten wir sie auch!

CONNEC-
TEDNESS

Wir sind nicht allein

Die Coronakrise hat uns zeitweise aus vielen Beziehungen herausgerissen – privat wie beruflich. Das Gefühl, auf sich gestellt zu sein und alles alleine bewältigen zu müssen, schlich sich immer wieder ein, bis hin zu einem Eindruck des Gegeneinander statt Miteinander. Doch wir sind nicht allein. Alle um uns herum haben ähnliche Erfahrungen gemacht. Da tut es gut, die Nähe zueinander zu suchen, sich wieder zu spüren. Und sich (wieder) bewusst zu machen, was das Gemeinsame, die Verbundenheit miteinander eigentlich für uns bedeutet.

Wir Menschen sind besonders gut darin, nicht alleine, sondern gemeinsam etwas durchzustehen, in die Zukunft zu schauen und vorwärts zu gehen. Überall dort, wo wir uns zusammenzuschließen, entsteht eine positive Energie, und in dem gemeinsamen Tun etwas Neues, Größeres, das mehr ist als seine Einzelteile. Das Leitbild Connectedness steht der Idee der Individualisierung, Vereinzelung und des Egoismus entgegen und entwirft ein Menschenbild, das uns als einen Knotenpunkt sieht, eingebunden in soziale Netzwerke, eingebettet in verschiedene Formen der Verbundenheit. Wenn wir die Denkweisen Resonanz, Real-Digital, Free Relations und Gemeinsinn annehmen, können wir Rückhalt, Sicherheit und neue Zuversicht gewinnen: Wie auch immer wir den Weg in die Zukunft gestalten, wir gehen ihn gemeinsam.

Resonanz

Wir leben in einer Gesellschaft, die in Vielem von Wettkampf und Eigeninteressen geprägt ist – eine Logik, die in uns ein zunehmendes Gefühl der Entfremdung auslöst und ein anderes Bedürfnis vorantreibt: die Sehnsucht nach Verbundenheit, Zugehörigkeit und Gemeinschaft. Resonanz ist nicht nur unser Bedürfnis, sondern auch eine innere Haltung, eine Denkweise, die uns in die Lage versetzt, uns wieder neu zu verbinden und Verbundenheit zu erfahren – mit uns selbst und mit der Welt und den Menschen um uns herum.

RESONANZ – GRUNDBEDÜRFNIS UND INNERE HALTUNG

Wir leben heute in einer Gesellschaft, in der den Menschen eine hohe Individualität nicht nur möglich ist, sondern deren Ausbildung auch erwartet wird: Jeder Mensch soll einzigartig sein. Eine hyperindividualisierte Konsumwelt ist die Antwort der Industrie auf diese Anforderung des Zeitgeists. Häufig dominiert sie menschliche Verhaltensweisen – doch verloren geht dabei der Blick für das große Ganze, nämlich für das, was den Menschen wirklich wichtig ist. Denn die Grundbedürfnisse der Menschen entwickeln sich bereits in eine andere Richtung: Häufig dominiert heute nicht mehr der Wunsch nach Individualität durch Abgrenzung, sondern vor allem nach Verbundenheit und Zugehörigkeit – nach Resonanz.

Häufig dominiert heute nicht mehr der Wunsch nach Individualität durch Abgrenzung, sondern vor allem nach Verbundenheit und Zugehörigkeit – nach Resonanz.

Wir werden uns unter dem Einfluss und als Reaktion auf eine maximal ausgebildete Individualisierung und Vereinzelung wieder der Beziehungen zu Menschen, zur Natur und zu den Dingen um uns herum bewusster. Und diese Beziehungen werden uns wieder wichtiger, wie man es am aktuellen Interesse der Menschen an globalen Umwelt- und Wirtschaftsthemen beobachten kann. Was sich hier vollzieht, ist ein grundlegender Wertewandel in der Gesellschaft: Heute sind es nur einige Gesellschaftsgruppen, aber künftig wird immer mehr Menschen das Motiv bewegen, eine Haltung der Resonanz einzunehmen und in Resonanz zu treten, statt sich abzugrenzen.

Dieses Phänomen hat auch einen gesamtgesellschaftlichen Aspekt: Es ist der Gegentrend zur Anonymität und Automatisierung in der Dienstleistungsgesellschaft und der Schnell- und Kurzlebigkeit, in der Beziehungserfahrungen an Wert verloren haben. Wir befinden uns jedoch am Ausgang dieses Zeitalters: Wir Menschen wollen nicht mehr wie Kunden als Objekte einer Wirtschaft behandelt werden, sondern als Freunde einer Gemeinschaft. Das Bedürfnis nach Ungefiltertheit, Unverfälschtheit, nach einer gefühlten Authentizität und nach ehrlicher Herzlichkeit, nach menschlichem und nicht professionell-anonymem Austausch wird größer. Das Zeitalter der Individualisierung geht über in eine neue Wir-Kultur: Wir suchen heute zunehmend das Gemeinsame und nicht das, was uns von anderen trennt. Resonanz als individuell-transformative und als soziale Erfahrung erweist sich als Grundbedürfnis des Menschen, das wichtiger ist denn je.

WAS RESONANZ BEDEUTET

Um Resonanz erfahren zu können, um in Beziehung treten zu können zu unserer Umwelt und unseren Mitmenschen, hilft es, eine resonanzfreundliche Haltung einzunehmen – eine, die Resonanzerfahrungen wahrscheinlicher macht. Gelingende Resonanzbeziehungen wiederum kennzeichnen sich laut des Resonanz-Konzepts des Soziologen Hartmut Rosa durch vier Kernmerkmale (Rosa 2016):

RESONANZ

→ DAS MOMENT DER BERÜHRUNG:

Resonanz ist die Erfahrung der Berührung, des Bewegtseins durch eine Sache oder einen anderen Menschen, die oder der dadurch als bedeutsam und wichtig empfunden wird. Sie setzt eine innere Offenheit für Resonanzerfahrungen voraus, ohne dass sie zum absichtsvollen Ziel erklärt wurden.

→ DAS MOMENT DER SELBSTWIRKSAMKEIT:

Eine Resonanzerfahrung erzeugt eine emotionale Reaktion als sichtbare Antwort nach außen, durch die das berührte Subjekt seine Verbundenheit zum Gegenüber herstellt. Resonanz ist ein gleichwertiges Geben und Nehmen, ein wechselseitiges Berührt-Werden und Berühren-Können. Letzteres erzeugt dabei ein Gefühl der Selbstwirksamkeit.

→ DAS MOMENT DER TRANSFORMATION:

Resonanzbeziehungen bewirken immer eine Verwandlung, eine Transformation, eine gemeinsame Veränderung für diejenigen, die Resonanz erfahren. Bei Dingen ist es der eigene Blick auf sie, der sich verändert. Die Veränderung kann groß, aber auch sehr klein sein, in jedem Fall aber erzeugt sie ein Gefühl der Lebendigkeit.

→ DAS MOMENT DER UNVERFÜGBARKEIT:

Resonanz lässt sich nicht erzwingen, verhindern oder vorhersagen – sie kann nicht kontrolliert oder gekauft werden. Erwartungen können hier also leicht enttäuscht werden. Zudem ist das Ergebnis einer Resonanzerfahrung immer unbestimmt: Die Art der Veränderung, die sie bewirkt, lässt sich nicht vorherbestimmen.

RESONANZFREUNDLICHE UMGEBUNGEN

Ein Resonanzgefühl kann bei jedem Menschen durch andere Rituale und Erfahrungen entstehen. Es lassen sich aber bestimmte Resonanzsphären benennen, in denen Resonanzerfahrungen wahrscheinlicher sind. Entsprechend können dafür Resonanzräume geschaffen werden – physischer, psychischer, materieller, zeitlicher und/oder sozialer Art –, die die Wahrscheinlichkeit für Resonanzerfahrungen erhöhen. Zu diesen Sphären gehört unter anderem die Natur (Wandern erzeugt beispielsweise häufig Resonanzerfahrungen), Kunst (z.B. Musik oder Architektur), intensive menschliche Begegnungen oder Veranstaltungen, die ein gemeinschaftliches Erleben ermöglichen.

Resonanzerfahrungen entstehen beispielsweise bei Festivals wie dem Burning Man oder der Fusion: Hier kommt eine Gruppe von Menschen zusammen, die oft ein ähnliches Mindset und ähnliche Werte miteinander teilen oder einen ähnlichen Lebensstil führen – auch wenn das keine unbedingt notwendige Bedingung für eine Resonanzerfahrung ist. Sie bilden temporäre Werte-Gemeinschaften, die einmal im Jahr zusammen eine hoch ritualisierte Feierkultur pflegen und darin Resonanz erfahren – auch wenn sie danach wieder auseinandergehen und in ihrem Alltag einen anderen Lebensstil pflegen. Die eigene Arbeit kann ebenfalls Resonanzerfahrungen bieten, wenn die Rahmenbedingungen als stimmig wahrgenommen werden, wenn Raum für Selbstwirksamkeit und die Entstehung eines Gemeinschaftsgefühl gegeben ist und nicht Stress, Zeitdruck oder Konkurrenzdenken die Verhältnisse am Arbeitsplatz dominieren.

In all diesen Sphären kann man sich natürlich auch bewegen, ohne dass irgendeine Form der Resonanzbeziehung entsteht. So etwa, wenn kulturelle Highlights im Tourismus heute oft nur noch im Vorübergehen mitgenommen und abgehakt oder per Instagram-Beweisfoto festgehalten werden. In diesem Fall ist die innere Haltung nicht auf Resonanz ausgerichtet, es findet keine wirkliche Wahrnehmung und Auseinandersetzung, kein Dialog statt und die Orte werden nur äußerlich und unverbunden erfahren. Oder aber, wenn eine Resonanzerfahrung erzwungen werden will bei der inszenierten Begegnung von Touristen mit „Locals“, die nur besichtigt werden, ohne dass ein Dialog, eine wirkliche Begegnung entsteht. Ein Zufriedenheitsgefühl kommt dabei höchstens kurzzeitig auf, denn diese Form des Erlebens findet nur als „Ereignisoase“ statt, nicht als transformative Erfahrung. Resonanz entsteht nur dort, wo Menschen offen sind für die Verbindung mit Dingen und Menschen außerhalb von ihnen, wo sie Bedeutung und Wert sehen. Wenn sich also auch Unternehmen die Frage stellen, wie sie Menschen die für sie wichtigen Resonanzerfahrungen ermöglichen können, dann kommt es ganz auf die richtige

Frage an: Nicht „Was erzeugt bei Menschen Resonanz?“ ist die Frage. Denn dies zielt auf Einseitigkeit ab. Es impliziert, dass ein Unternehmen in der Lage ist, Menschen in Resonanz zu versetzen. Viel wichtiger ist die Frage, wie das Gefühl von Verbundenheit bei Menschen entsteht, wie sie selbst Beziehungen zu ihrer Umgebung „erzeugen“ und von sich aus erreichen. Erst dieses Verständnis ermöglicht es, die Resonanzräume für uns Menschen auf einer geistigen Landkarte zu verorten und etwas über die Rituale zu erfahren, die uns als Menschen in diese Resonanzräume führen.

DIE ZUKUNFT EINER RESONANZGESELLSCHAFT

Die Resonanzbeziehung zwischen Subjekt und Welt zeichnet sich dadurch aus, dass uns da draußen etwas anspricht, bewegt oder berührt. Und dass wir umgekehrt das Gefühl, die innere Haltung haben, dass wir die Welt erreichen und eine Art Spur hinterlassen können. Resonanz ist ein Denk-Prinzip, das eine Wahrnehmungsqualität und Kommunikationsebene schafft, die gerade aufgrund von Tendenzen der Hyperindividualisierung in der Gesellschaft neu entdeckt wird und die Menschen wieder näher zusammenbringt. Die Erfahrung von Resonanz erzeugt ein neues Gefühl der Lebendigkeit und Unmittelbarkeit, der Verbundenheit – etwas, das den Menschen heute und in Zukunft zum Grundbedürfnis wird. Es ist also an der Zeit, sich diesem Bedürfnis neu zuzuwenden und günstige Bedingungen für dessen Erfüllung zu schaffen: Für gelingende Resonanzbeziehungen braucht es jetzt mutige und engagierte Vordenker und Gestalter von Resonanzräumen.

Die Erfahrung von Resonanz erzeugt ein neues Gefühl der Lebendigkeit und Unmittelbarkeit, der Verbundenheit.

Dieser Text ist ein gekürzter und veränderter Auszug aus der Studie „Der neue Resonanz-Tourismus".

TRENDSTUDIE

DER NEUE RESONANZ-TOURISMUS

Die Trendstudie „Der neue Resonanz-Tourismus" analysiert das postmoderne Reisen im Spannungsverhältnis der Megatrends Digitalisierung und Individualisierung und stellt einen neuen Tourismus vor, der sich nicht nur an Zahlen, sondern in erster Linie am Bedürfnis nach gelingenden Beziehungen orientiert.

Real-Digital

Für einige gehört die digitale Welt selbstverständlich zur heutigen Lebenswelt dazu, andere empfinden sie oft wie eine zweite Realität. Immer wieder stellt sich die Frage, welche Bedeutung digitale soziale Beziehungen und digitale Kommunikation gegenüber der analogen Wirklichkeit haben und in welchem (auch hierarchischen) Verhältnis das Digitale und das Analoge zueinander stehen. Beides jedoch als untrennbar zusammenzudenken, lässt uns die neue soziale Nähe erkennen, die das Digitale ermöglicht, mit neuen Chancen, Verbindungen aufzubauen und Verbundenheit herzustellen.

DIE WELT WIRD ZUM NETZWERK

Digitale Technologien und Kulturen sind Teil unseres Alltags und haben unsere Welt bereits nachhaltig verändert. Das lässt eine neue Gesellschaft entstehen – die Netzwerkgesellschaft. Diese nächste Gesellschaft unterscheidet sich von der Vor-Internet-Gesellschaft wie die Elektrizität von der Mechanik. Ihr Betriebssystem, das Internet, ist das führende Kommunikationsmedium für eine rapide wachsende Zahl von Menschen und Maschinen – und ein Werkzeug, für Industrien, Organisationen, Individuen. In hoher Geschwindigkeit verabschiedet der digitale Wandel traditionelle Denkmodelle und ruft neue soziale, kulturelle und ökonomische Muster ins Leben.

In kaum einem anderen Bereich der Gesellschaft ist diese Transformation so offensichtlich wie in der Wirtschaft. Sharing-Economy-Plattformen disruptieren ganze Branchen, Businessmodelle weichen dem Streaming-Prinzip, neue Technologien halten Einzug in unsere Lebens- und Arbeitswelten, von Augmented Reality und Künstlicher Intelligenz bis zur Blockchain-Technologie. Die Welt wird zum Netzwerk – und die Netzwerkökonomie zum Schauplatz einer allgegenwärtigen Algorithmisierung.

Das Prinzip der digitalen Vernetzung dominiert den gesellschaftlichen Wandel und eröffnet auch ein neues Kapitel in der Evolution der Gesellschaft. Digitale Kommunikationstechnologien verändern unser Leben grundlegend und reprogrammieren unsere soziokulturellen Codes. Im Zuge dieses Wandels entstehen neue Kulturen, Lebensstile und Verhaltensmuster – zum Beispiel die neue Wir-Kultur (vgl. Zukunftsinstitut 2015), die Individualität auf eine neue Art und Weise innerhalb vernetzter Gemeinschaften verortet, aber auch die „Happiness Industry" (vgl. Davies 2015), angetrieben vom Drang zur Selbstdarstellung auf Instagram und Co. und dem Wunsch nach Selbstoptimierung im Zuge der Quantified-Self-Bewegung.

NEUE REAL-DIGITALE BEZIEHUNGSNETZWERKE

All diese Entwicklungen, positiv wie negativ, zeigen, dass und wie die zunehmende digitale Vernetzung unserer Welt eine neue Wirklichkeit erzeugt, in der Analoges und Digitales auf komplexe und oft undurchschaubare Weise miteinander verschmelzen und neue soziale Räume und Verbundenheiten entstehen. Die digitale und analoge Welt gehen immer selbstverständlicher ineinander über und der Gegensatz „real versus virtuell" verschwindet. Längst ist unsere Wahrnehmung der Realität ein Hybrid-Produkt aus „realen" und virtuellen, digital hergestellten Umwelteindrücken und Kommunikationen: Online- und die Offline-Welt sind keine getrennten Welten mehr, sondern überlagern sich ständig und unbemerkt zu einem einheitlichen Bild der Welt. Die digitale Welt durchdringt die reale Welt: Die neue Welt, in der wir leben, arbeiten und kommunizieren, ist real-digital. Alles fließt zusammen. Digitalisierung ist ein Durchdringungsprozess – kein additives Verfahren.

Wir bewegen uns heute in einer digitalisierten Realität, und als kulturhistorische Zeitenwende durchdringt das Digitale alle Strukturen und Lebensbereiche, in denen wir uns bewegen – auch unsere menschlichen Beziehungen. Der Charakter dieser neuen real-digitalen Realität ist anders als jener, der uns bisher den Rahmen für unsere gesellschaftlichen Handlungen gab: Sie ist offen und vielseitig, sie ermöglicht und erfordert Partizipation und untergräbt starre Hierarchien. Die Grundstruktur der real-digitalen Gesellschaft ist ein neuer Grad der Verbundenheit auch der Menschen untereinander, und ihr grundlegendes Prinzip ist das Netzwerk. Dieses hat seine eigenen, neuen Regeln. Netzwerke haben keine spezifischen Grenzen, sie sind jederzeit veränderbar und erweiterbar. Je vernetzter ein System ist, desto mehr werden Wandel und Neues zur Normalität. Die Devise der Zukunft lautet deshalb: Brücken statt Mauern bauen. Denn Beziehungen haben eine zentrale Bedeutung im digitalen Zeitalter.

Das lässt sich am Beispiel der Wirtschaft gut zeigen: Die digitale Ökonomie fordert Unternehmen zu einem neuen Selbstverständnis heraus: Eine Organisation, die an der digitalisierten Ökonomie teilhaben will, muss sich als ein offenes System verstehen. Mit dem Knüpfen von Beziehungen wird aus einem isolierten Punkt ein vernetzter Knoten, ein Knotenpunkt in einem Netzwerk – ein Teil von etwas

Größerem. Das erfordert den Mut, sich selbst als organischen, veränderbaren Teil eines großen Organismus zu verstehen. Für die Organisation bedeutet das: Aus einem geschlossenen Silo wird ein offener Hafen, in dem der rege Austausch mit Konkurrenten, Partnern und Kunden willkommen geheißen wird. An der digitalen Ökonomie teilzuhaben heißt also, eine Art offene Plattform zu werden. Erfolgreich werden künftig diejenigen Unternehmen sein, die sich als fluide Organisationen über ihr offenes Ökosystem definieren – über die Lern- und Entwicklungsfähigkeit des gesamten Systems, das von seinem Austausch mit der Außenwelt lebt.

Die Grundstruktur der real-digitalen Gesellschaft ist ein neuer Grad der Verbundenheit.

DER NEUE BLICK AUF DAS DIGITALE

Um digital handlungsfähig zu sein, braucht es ein umfassendes und differenziertes Verständnis des digitalen Wandels – ein neues, cyberhumanistisches Mindset, einen neuen „digital erleuchteten" Blick auf Digitalisierung. Nur mit diesem neuen Blick werden sich auch künftig die Potenziale der digital vernetzten Realität erschließen lassen. „Erleuchtet" bedeutet dabei: Abschied von der Verblendung, die digitale Hypes, Hysterien und Ängste erzeugt. Und: Ausbildung einer neuen, aufgeklärten und ganzheitlichen Sicht auf die neuen digitalen Netzwerke. Grundlegend ist dabei zunächst die historische Einsicht, dass sich unsere Gesellschaft inmitten eines epochalen Evolutionssprungs befindet. Die digitale Vernetzung schafft neue gesellschaftliche Strukturen. Sie lässt die Kommunikationsmöglich-

Die digitale Vernetzung schafft neue gesellschaftliche Strukturen.

keiten explodieren und erzeugt ein neues Level an Komplexität – und damit aber auch eine kollektive Überforderung, die den Blick für das Wesentliche trübt. Um diese blinden Flecken aufzuhellen, ist es elementar, „Digitalisierung" nicht mit „Technologie" gleichzusetzen, sondern umfassender zu verstehen: als technologisch vernetzte Kommunikation, die Menschen näher zusammenbringt.

Nicht nur die Beziehungen von Menschen untereinander verändern sich durch die Digitalisierung. Auch zum Digitalen selbst entsteht eine neue Art von Beziehung, die es einzuordnen gilt. Klar ist dabei: Wer die Komplexität menschlicher Intelligenz begreift, muss sich auch nicht vor Künstlicher Intelligenz fürchten. Vielmehr kann er verstehen, dass KI immer auf Mustererkennung beschränkt bleibt – und dass ihr menschliche Kompetenzen wie Sinnverarbeitung oder bewusstes, zielgerichtetes Handeln kategorisch verschlossen bleiben. Computer können Strukturen und Daten nach vorgegebenen Mustern erweitern oder verdichten. Aber sie können nicht denken, haben kein Kontextwissen, sind nicht schöpferisch. So wird der Blick frei für die eigentliche Bestimmung intelligenter Technologien: Sie können uns als nicht-menschliche Partner helfen, klug durch das Meer der neuen Möglichkeiten zu navigieren, unsere individuellen Bedürfnisse besser zu adressieren, unsere eigenen Potenziale besser zu entfalten.

Eine solche cyberhumanistische Sicht fördert einen holistischen und optimistischen Umgang mit dem Digitalen. Ausgehend von einer ganzheitlichen Perspektive auf unsere gesellschaftlichen Netzwerke und ihre systemischen Verknüpfungen, zeichnet sie ein Bild der Digitalisierung, bei dem wir als Menschen im Zentrum stehen. Auf dieser Basis können wir neue Beziehungen schaffen, die das Internet von morgen zu mehr machen als einem „Internet der Dinge": ein Internet der Menschen. Denn der digitale Wandel ist kein rein technologisches Phänomen, sondern ein soziotechnischer Prozess. Der Mensch rückt dabei immer mehr ins Zentrum. Um den Prozess der digitalen Transformation also erfolgreich gestalten zu können, brauchen wir ein ganzheitliches Verständnis von dem, was Digitalisierung bedeutet. Eines, das die vielschichtigen sozialen Implikationen und Effekte miteinbezieht. Und das die neue, real-digitale Beschaffenheit unserer Beziehungen voll und ganz anerkennt.

Dieser Text ist ein gekürzter und veränderter Auszug aus der „Megatrend Dokumentation – Megatrend Konnektivität" und aus der Trendstudie „Hands-on Digital".

DOKUMENTATION

MEGATREND DOKUMENTATION (2018)

Wie verändert sich Gesellschaft? Welche Kräfte sorgen für globalen Fortschritt und worin liegen Chancen, aber auch Herausforderungen für die kommenden Jahre? Die Megatrend-Dokumentation liefert Antworten auf genau diese Fragen und präsentiert die zentralen Auswirkungen der zwölf Megatrends.

TRENDSTUDIE

HANDS-ON DIGITAL

Die Trendstudie „Hands-on Digital" beleuchtet die wichtigsten Bereiche unternehmerischen Handelns im Kontext der Digitalisierung, vermittelt Einblicke in aktuelle Diskurse rund um Technologisierung und zeigt auf, wie es Unternehmen gelingen kann, sich ihren Weg in der vernetzten Ökonomie zu bahnen.

Free Relations

Am Beispiel der Globalisierung können wir gut beobachten, wie wir Beziehungen zu Menschen und Menschengruppen um uns herum lange Zeit gedacht haben. Historisch sind sie für uns häufig gleichbedeutend mit Machtstrukturen. Dabei haben wir mit einer anderen Denkweise die Chance, die Art der Verbindung mit anderen Menschen neu zu denken und ein anderes Verhältnis einzunehmen zu der Art und Weise, wie wir mit Menschen auf der Welt in Verbindung stehen. Das erzeugt ein neues Gefühl des Gemeinsamen, das wegweisend wird nach der Coronakrise.

BEZIEHUNGEN NEU DENKEN

Wenn wir Beziehungen denken, denken wir meistens in Hierarchien, in Machtstrukturen und Abhängigkeitsverhältnissen. Das zeigt sich gut am Beispiel globaler Beziehungen, wo dieses Denken stark verankert ist. Wir haben noch nicht gelernt, globale Verknüpfungen neu zu denken – denn unser Denken ist auf Linearität vom Kleinen ins Große getrimmt. Dabei könnten wir uns als Menschheit stärken, wenn wir künftig viel mehr vom Großen her denken, in Form von neuen Interaktionsstrukturen zwischen Menschen weltweit – in Free Relations. Im Zentrum dieser neuen Denkweise steht dabei nicht die Strukturgestalt, sondern stehen die Schwingungen, die zwischen den Menschen entstehen: Die neue Art der Verbundenheit im Zeitalter der Globalisierung ist glokal, dezentral, heterogen und konnektiv.

Die neue Art der Verbundenheit im Zeitalter der Globalisierung ist glokal, dezentral, heterogen und konnektiv.

GLOKAL – VON INSTITUTIONEN ZU MENSCHEN

Der wichtigste Gedanke ist dabei, Globalisierung nicht in fixierten Institutionen wie Unternehmen oder Staaten zu denken, sondern in Menschen. Denn diese können sich in verschiedenen Verbundenheitszuständen gleichzeitig befinden, ohne dass daraus unmittelbar ein Konflikt entsteht. Als Privatperson kann man sich problemlos als Schwabe verstehen und gleichzeitig als Weltbürger. Das Attribut „deutsch" tritt dann oft in den Hintergrund. Menschen leben natürlicherweise in lokalen Verbünden und treffen Entscheidungen in kleinen Organisationseinheiten, die von den kulturellen Eigenheiten und Face-to-Face-Begegnungen vor Ort geprägt sind. Free Relations überlagern diese fixierten und auch notwendigen Strukturen nicht, sondern lagern sich an ihnen an. Sie strukturieren nicht den Raum neu, sondern erzeugen einen zusätzlichen Flow, der das Lokale und das Globale neu verbindet: zum Glokalen. Die befreiten Beziehungen basieren auf dem Vertrauen der Menschen untereinander – und sind damit Teil einer neuen Vertrauensära: Statt des bereits erschütterten Vertrauens in Institutionen zählt immer häufiger das Peer-to-Peer-Prinzip: Vertrauen entsteht individuell – zwischen Menschen, die sich auf Augenhöhe begegnen können.

Die befreiten Beziehungen basieren auf dem Vertrauen der Menschen untereinander.

DEZENTRAL – VON INTERDEPENDENZEN ZU REDUNDANZEN

In Free Relations sind Verbindungen nicht an Macht geknüpft. Es gibt gar keine zentrale Macht. Macht steckt allein in dem Verbindungsgebilde selbst, je nachdem, wie viel die Menschen investieren. Solche Verbindungen sind als Organisationsform ohne Zentrum schwer vorstellbar. Daher hilft für die Neustrukturierung des Denkens das Bild des Rhizoms als netzartiges Sprossachsensystem, das in den 1970er-Jahren von den Philosophen Gilles Deleuze und Félix Guattari aus der Biologie in die Philosophie getragen wurde. Es war der erste Versuch, eine in der Welt beobachtete neue Organisationsform von Wissen zu beschreiben, die nicht mehr den hierarchischen Regeln folgt, sondern dynamisch passiert. Und damit eine neue Beschreibung für eine Realität der Gleichzeitigkeit, die sich von den althergebrachten Denkmustern bereits spürbar entfernte. Das Rhizom ist dezentral, das heißt, es gibt keinen Ursprung, der in irgendeiner Form als „Keimzelle“ oder hierarchische Einheit eine Rolle spielt. Alle Knotenpunkte – genannt Konnexione –, also die lokal verankerten Individuen selbst, sind gleichwertiger Teil des Gebildes. Jeder Knotenpunkt kann theoretisch mit jedem anderen verbunden sein. Sie sind besser zu verstehen nicht als Ausgangspunkte, sondern als Durchgangspunkte. Wichtiger als diese Punkte sind die Verbindungen dazwischen.

HETEROGEN – VON EINHEIT ZU VIELHEIT

Eine der wichtigsten Fragen, die zum Thema Globalisierung gestellt werden, ist die nach der Vereinbarkeit unterschiedlicher Werte und Weltanschauungen in einem globalen Verbund von Menschen. Verlustängste in Sachen nationaler und lokalkultureller Identität spielen hier eine große Rolle. Wie bekommt man so fragt man sich – all diese Identitäten unter einen ethischen Hut? Die Antwort ist: gar nicht. Regionale Werte, Logiken und Interessen werden nicht zur Anpassung an die eine große Ethik und normative Werte gezwungen. „Constraining everyone into the same box is sure to manifest a whole host of negative feedback patterns“, so ein Blogger der Blockchain-basierten Plattform Steemit (timthevagabond 2017).

Das Denken in Free Relations fordert nicht die Assimilation an die einen ethischen Grundwerte einer dominanten Kultur, sondern erlaubt die Kommunikation zwischen völlig unterschiedlichen Kulturen. Denn „one size fits all" hat sich als Denkfehler herausgestellt. Es geht nicht um das Erzeugen einer einzigen neuen globalen Identität für alle, sondern um Beziehungen und Verhältnisse – eben um die Linien, nicht um die Knotenpunkte.

Die Verbundenheitsform im Zeitalter der Globalisierung ist die Verbundenheit der Vielheiten. Heterogenität ist nicht beseitigbar – aber verbindbar. Innere Widersprüche und Gegensätze tun dem keinen Abbruch. Was schwerfällt zu denken, leben wir schon immer. Denn unsere Idee von Identität ist lediglich ein Denkkonstrukt mit normativen Ansprüchen, das eine Trennung von innen und außen, von Eingegrenztem und Ausgegrenztem herstellt und künstlich suggeriert. Tatsächlich jedoch sind Menschen kein geschlossenes, homogenes System, keine konsistente Einheit, sondern sie vereinen in sich widersprüchliche Haltungen und Handlungen: Wo höre ich auf, wo fängt der andere an? Ist das meine eigene Meinung? Will ich das wirklich? Menschen sind als lernende, anpassungsbereite Systeme stets verbunden mit allem, was um sie herum ist. Free Relations sind heterogen: nicht zwei-, sondern vieldimensional. Einheit und Vielheit können nebeneinander bestehen. Der Fokus liegt nicht auf der Abgrenzung, sondern auf dem Verbindenden. In dem Gedanken von globalen befreiten Relations werden lokalkulturell geprägte Eigenheiten nicht einem normativ-ethischen Anpassungsdruck unterworfen, sondern sie verändern sich – wenn überhaupt – von selbst und im Zusammenspiel mit den Einflüssen, die sich aufeinander ergeben. Was also ist denn dann das Verbindende? Wie kommen Free Relations zusammen, und warum ist das eine sinnvolle Verbindung?

KONNEKTIV – DAS NEUE „ZUSAMMEN“

Bisher erleben wir vor allem eine Form von struktureller Globalisierung. Finanzen, Märkte, Technologie und Forschung, Steuerungsmöglichkeiten sowie Politik vernetzen sich weltweit. Was aber fehlt, ist eine Globalisierung der Wahrnehmung, des Bewusstseins. Das konnektive Moment, das dem Gedanken der Free Relations innewohnt, ist das Vorhandensein eines gemeinsamen Bewusstseins um globale Verbundenheit und Eingebundenheit. Wir sprechen hier vorrangig von globalen mentalen Verbindungen, die Menschen auf eine Resonanz erzeugende Schwingungsebene bringen. Dieses Wirkungsgefüge kennt keine geografischen oder nationalen Grenzen mehr. Wissen ist die eine Gemeinsamkeit, auf der das Konnektiv beruht, die andere ist: fühlen. Das Paradigma von „global denken, lokal handeln“ wird abgelöst von „glokal fühlen“ – als globale Lerngemeinschaft mit Empathie füreinander.

Damit entsteht das Vertrauen, dass ein glokales, dezentrales und heterogenes Interaktionsgebilde eine kollektive Intelligenz und einen Austausch von Informationen ermöglichen kann, wovon jeder etwas hat: eine Win-win-Situation, die den Gesamtwert steigert – das hat übrigens das gleichermaßen funktionierende Blockchain-Prinzip mit Bitcoin schon gezeigt. Diese Form erzeugt aus der altruistischen Haltung „Collective Goods“, die sich in verschiedenen Formen manifestieren können. Globale befreite Beziehungen erschaffen Werte. Sie sind kein großes Ganzes, von dem die Individuen Teile sind, sondern vielfältig, ein dynamischer Zusammenhang des Verschiedenartigen, die Gleichzeitigkeit des Unterschiedlichen – sie ermöglichen Kooperation auf Augenhöhe, die Abgrenzung und auch unterschiedliche Perspektiven toleriert, ohne missionarisch einen moralischen Auftrag zu verbreiten oder lediglich die Wünsche und Bedürfnisse Einzelner zu erfüllen. Das englische Wort „relation“ bedeutet nicht nur „Beziehung“, sondern auch „Sinnzusammenhang“, „Erzählung“. In Zeiten einer multipolaren Weltordnung sind Free Relations die Metaerzählung, der Antrieb einer neuen globalisierten Welt. Das Wichtige sind die Verbindungen, der Raum zwischen den Konnexionen – und nicht die Punkte (Identität etc.) selbst.

Das Paradigma von „global denken, lokal handeln" wird abgelöst von „glokal fühlen" – als globale Lerngemeinschaft mit Empathie füreinander.

Dieser Text ist ein gekürzter und veränderter Auszug aus dem Report „Generation Global".

REPORT

GENERATION GLOBAL

Der Report „Generation Global" liefert tiefe Einblicke in das Innenleben einer neuen Generation, die von einem grundlegenden Wertewandel geprägt ist und über ein kosmopolitisches Mindset verfügt, das sie selbstbewusst nach außen trägt.

CONNECTEDNESS

Gemeinsinn

Die Coronakrise hat uns begreiflich gemacht, dass wir gemeinsam Dinge schaffen können, die alleine unmöglich wären. Und dass wir gut handeln, wenn wir zum Besten von uns allen handeln. Unser neues Streben nach gemeinsamem Schaffen richtet unseren Fokus darauf, was unser zukünftiges Zusammenleben besser machen kann: Eine kollektive Gestaltung einer Zukunft, deren Komplexität nur kollaborativ zu bewältigen ist, und eine Ausrichtung des gemeinsamen Denkens, Fühlens und Handelns auf das Gemeinwohl.

DAS ZEITALTER DES GEMEINSINNS

Co-Working, Co-Mobility, Co-Creation, Co-Living: Die sozialen Techniken des Kollaborierens und Kooperierens für einen gemeinsamen Zweck bringen unsere menschlichen Potenziale zur Entfaltung und sind das Organisationsprinzip der heutigen Gesellschaft, die in einer Art und Weise verbunden und vernetzt ist wie keine Gesellschaft je zuvor. Diese neue Ära der Vernetzung, die vor allem durch die Globalisierung und Digitalisierung begünstigt wird, ist eine Blütezeit für hybride Gemeinschaften und Communitys. Überall in der Gesellschaft entstehen neue Kollektiv-Konstrukte, in denen wir uns vernetzen, online und offline, privat und professionell. Immer mehr Menschen tauschen und teilen, von Kleidern und Lebensmitteln bis zu Autos und Fahrrädern, leben in Mehrgenerationen-Wohnprojekten, bewirtschaften gemeinsam urbane Gemüsegärten, arbeiten in Co-Working Spaces. Handeln mit Gemeinsinn wird zu einem neuen Wert.

Das Co-Prinzip, das sich heute an den unterschiedlichsten Stellen und Orten der Gesellschaft zeigt und in dem sich der Gemeinsinn manifestiert, ist so alt wie die Menschheit selbst – nur der Umfang ist für die heutige Zeit neu. Kollaborative Gefüge durchziehen seit jeher unsere Geschichte wie ein roter Faden, von archaischen Stämmen bis zu modernen Subkulturen und Szenen, von strategischen Interessengemeinschaften bis zur Erfindung der romantischen Liebe. Heute jedoch markieren soziale Phänomene wie Co-Working, Co-Living, Co-Mobility und Co-Creation einen echten Phasensprung in der gesellschaftlichen Evolution. Sie zeigen bereits eine gemeinwohlorientiertere Grundhaltung und reagieren auf die Anforderungen einer hochkomplexen Welt. Und sie helfen uns, jene Co-Kompetenzen auszubilden, die im Kontext der Konnektivität immer wichtiger werden.

KOMPLEXITÄT VERLANGT KOOPERATION

Die Realität von heute verwickelt uns in eine Vielzahl oft unüberschaubarer Kommunikationszusammenhänge. Unser Leben wird flexibler – und komplexer. Die neuen Co-Gemeinschaften, in denen eine gegenseitige Unterstützung zur

Grundlage wird, sind eine direkte Antwort auf diesen Komplexitätsdruck. Als flexible Gefüge sind sie optimal zugeschnitten auf die neue, instabile Wirklichkeit. Das Organisationsprinzip der Kooperation dient damit als probates Mittel zur Komplexitätsbewältigung und Gemeinwohlorientierung. Es rückt unsere menschlichen Grundkompetenzen wieder in den Fokus – umso mehr, je stärker unsere Lebenswelten von Automatisierung und Algorithmisierung durchdrungen werden. Denn der Mensch an sich ist ein soziales Wesen, und als Gattung ist er nur so erfolgreich geworden, weil Menschen miteinander an etwas glauben und sich für etwas einsetzen, was sie sich für die Zukunft gemeinsam erträumen. Das Co-Prinzip, das als Handlungsprinzip dem Gemeinsinn dient, reicht also weit hinaus über die rein ökonomischen Aspekte der Sharing Economy. Im Zentrum steht der Wunsch, neue, flexible Formen von Zusammenhalt und Gemeinschaft zu spüren, und das Anliegen, gemeinsam Dinge zu schaffen, die man alleine nie erreichen würde.

Auch das wissenschaftliche Bild vom Menschen und seinem „natürlichen“ Verhalten hat sich in den vergangenen zwei Jahrzehnten entsprechend stark gewandelt. Nicht mehr das Konkurrenzprinzip des Homo oeconomicus gilt als das bestimmende Paradigma der Evolution, sondern die menschliche Kompetenz zum gemeinwohlorientierten Handeln und zum Kooperieren. Die Freude, etwas mit anderen zu teilen und gemeinsam etwas füreinander zu tun, ist ein genuin menschliches Gefühl, sagt etwa Michael Tomasello, Direktor am Max-Planck-Institut für evolutionäre Anthropologie. Für ihn ist der Mensch „das Tier, das wir sagt“ (zit. nach Mayer 2011).

Tomasello zufolge entfaltet sich die menschliche Evolution durch eine zunehmende Kooperationskompetenz. Die oberste Stufe bildet dabei die „geteilte Intentionalität“, die Fähigkeit, an kooperativen Aktivitäten teilzunehmen, die gemeinsame Absichten und Ziele voraussetzen. Als solche kollektive Anliegen lässt sich der Gemeinsinn beschreiben. Das ist es, was die menschliche Kultur ermöglicht und ausmacht. Im 21. Jahrhundert lässt sich der Mensch deshalb nicht mehr als rational-egoistischer Homo oeconomicus beschreiben. Er entwickelt sich weiter zum Homo socialis, der mit den Mitteln der Kollaboration und Kooperation nach Sinn, Emotionalität und dem Besten für die Gemeinschaft sucht. Das Comeback der Kooperation – ob in vernetzten Arbeitsteams, alternativen Wohnformen, flexiblen Mobilitätskonzepten oder lokalen Nachbarschaftsprojekten – lenkt unseren Blick auf das, was den Menschen im Kern ausmacht, und auf die Zukunft des menschlichen Zusammenlebens. Es hilft uns im Umgang mit einer Wirklichkeit und in der Gestaltung einer Zukunft, deren Komplexität erfolgreich nur gemeinsam und mit Gemeinsinn zu bewältigen ist.

Tomasello zufolge entfaltet sich die menschliche Evolution durch eine zunehmende Kooperationskompetenz.

Dieser Text ist ein gekürzter und veränderter Auszug aus dem Zukunftsreport 2019.

REPORT

ZUKUNFTSREPORT 2019

Der Zukunftsreport 2019 handelt vor allem von vitalen Retro-, Gegen- und Rebellionstrends. Die ökologische Zukunft liegt nicht in der Rückkehr zur Natur, sondern in NatureTech. Gegen die Fake-Welt tritt eine Bewegung der radikalen Ehrlichkeit an.

ENOUGHNESS

Gut ist besser als mehr

Was ist uns wirklich wichtig? Diese Frage stellen wir uns heute neu, denn die Coronakrise hat eine Art Reset-Knopf gedrückt: Wir sind plötzlich wieder auf der Suche nach Orientierung. Wir alle können spüren, dass etwas Neues schon bereit steht – wenn wir bereit sind, auf das alte Spiel zu verzichten und es hinter uns zu lassen. Jetzt haben wir die Chance, noch einmal in uns reinzuhören und zu sagen, was uns wirklich wichtig ist, was wir wirklich wollen – und was nicht. Die Sehnsucht nach einem „Genug“ ist nach dem temporären Stillstand größer geworden. Nicht „mehr“, sondern „besser“ tut uns eigentlich so richtig gut. Enoughness als Leitbild gibt uns eine lohnenswerte Orientierung für eine Zukunft, in der der Mensch und die menschliche Lebensqualität wirklich und endlich vollkommen im Mittelpunkt stehen.

Von den Denkweisen Achtsamkeit, Entschleunigung, Minimalismus und Next Growth, die zum Leitbild der Enoughness gehören, haben wir in den letzten Jahren immer wieder gehört – vielleicht sogar so oft, dass sie uns irgendwann leer vorkamen. Hinter dem, was Marketing und Werbung daraus gemacht haben, verbirgt sich aber immer noch der wahre Kern. Diese Denkmuster kursieren nicht ohne Grund, sondern weil sie essenziell wichtig sind für uns Menschen, die wir in diesen hochgradig komplexen Zeiten leben. Wir brauchen sie, um wieder unsere eigenen Bedürfnisse und das, was uns guttut, sehen zu können. Und vor allem auch: uns selbst.

Achtsamkeit

Wir funktionieren viele Tage oft wie eine Maschine und versuchen, in eingeübten Routinen unsere Leistung zu bringen. Zeitgleich sind wir einer permanenten Reizüberflutung ausgesetzt, die es schwer macht, sich zu konzentrieren. Welches unsere eigenen und eigentlichen Bedürfnisse sind, verlieren wir dabei nicht selten aus den Augen. Unter dem Leitbild der Enoughness können wir mit Achtsamkeit als Denkweise zurückkehren zu dem, was wir empfinden und brauchen: Achtsamkeit ist mehr als ein Lifestyle-Thema, es ist eine Kunst, die die eigene Aufmerksamkeit schult.

INNEHALTEN UND NEU WAHRNEHMEN

Jeder Impuls hat einen Gegenimpuls, jeder Trend erzeugt einen Gegentrend. Zu jedem Shitstorm gehört ein Lovestorm. Aus jeder Hysterie entsteht neue Komplexität. Vielleicht ist das sogar die Art und Weise, wie Zukunft generell entsteht. Der Brexit hat einen Gegenimpuls ausgelöst – in allen Ländern Kerneuropas stieg die Zustimmung zur EU erheblich. Im Terrorismus wird uns bewusst, dass wir unsere Furcht nicht übermächtig werden lassen müssen – wir können sie auch in Gemeinschaft verwandeln. In der Wahl Trumps wurde uns plötzlich deutlich, wie kostbar politische Ausgleichs- und Kommunikationsformen sind. Und: Immer mehr Menschen beginnen, ihr digitales Kommunikationsverhalten im Sinne einer analog-digitalen Balance zu steuern. Hier beginnt die neue Achtsamkeit. Immer mehr Menschen lernen, sich von den Erregungssystemen der Medien abzukoppeln und ihre mentale Autonomie wiederherzustellen. Immer mehr Menschen entwickeln Selbstwirksamkeitsstrategien gegen ihre Ängste. Dazu kann auch ein gesundes Maß an Gleichgültigkeit gehören. Wie genau funktioniert Achtsamkeit also?

Jeder Achtsamkeits-Prozess beginnt mit einer notwendigen Distanzierung, einem Innehalten. Einen Moment lang entkoppeln wir uns von allem, was „dort draußen" behauptet wird. Schon das hat heilsame Wirkung. Wir beginnen, uns beim Beobachten zu beobachten. Der Philosoph Alain de Botton schreibt in seinem Buch „The News. A Users Manual": „Wir brauchen lange Zugreisen, bei denen wir kein WiFi-Signal haben und nichts zu lesen, während unser Abteil meistens leer ist, mit Sicht auf Hügel und Horizonte, und wo das einzige Geräusch das rhythmische Klicken und Rasseln der Räder ist. Wir brauchen Flugreisen mit einem Fensterplatz und nichts anderem, auf das wir unseren Blick lenken können, als die Spitzen von Wolken. Das kann uns dabei helfen, unsere Gedanken in die richtige Richtung vagabundieren zu lassen" (Alain 2014).

„Unser Hirn sucht unermüdlich nach dem Negativen. Sobald es das Negative findet, fixiert es sich darauf" (Hanson 2014). So formulierte es Rick Hanson, ein Kognitionsforscher, in seinem Buch „Hardwiring Happiness". Indem wir diesen Effekt verstehen, können wir auch lernen, den „Awfulizing"-Effekt zu verstehen, mit dem wir alles schlechtreden und schlechtmachen. Wir sind alle Teil jener unauf-

Achtsamkeit bedeutet: Disconnect to reconnect.

hörlichen Negativierung, in der die Medien uns einreden, alles stünde zur Disposition. Achtsamkeit heißt, dass man das Trommelfeuer der Erwartungen, die Flut der Bilder und Ideologien abschalten lernt – um wahrzunehmen, was ist.

Rewiring your Emotions: In der Achtsamkeits-Haltung erproben wir unsere neuronale Plastizität, unsere Fähigkeit, anders als in den Reflexen von Zorn, Angst, Neid, Furcht auf die Welt zu reagieren. Achtsamkeit heißt, differenzierter kommunizieren zu lernen. Alles im Leben ist Beziehung. Erst wenn man Menschen wahrnehmen kann, ohne sie unentwegt zu bewerten, erfährt man Verbundenheit. Achtsamkeit bedeutet: Disconnect to reconnect. Es geht nicht um meditative Entrücktheit, sondern um die Rückkehr ins eigene Leben. Dazu gehört eine mentale Technik der emotionalen Distanzierung. Nicht ein Mangel, sondern ein Zuviel an (falscher) Empathie nährt den ewigen Shitstorm und den populistischen Hass. Das produktivere Gefühl in unserem Weltverhältnis ist das Mitgefühl. Im Mitgefühl können wir uns von unserem Bedürfnis nach unbedingter, „fanatischer" Identifikation befreien. Mitgefühl bejaht das Eigene in der Kommunikation mit dem anderen. Es verzichtet auf den Rausch des Kollektivs; jene Selbstaufgabe, welche die Grundlage für den populistischen Furor ist.

Achtsam sein heißt, Wissen wieder an Kompetenz, Information an Vermögen, Kommunikation an Berührung zu koppeln. Dieses Vorhaben gilt auch für Unternehmen. Dass heute die ersten Achtsamkeits-Agenten oder -Berater in Unternehmen auftauchen, ist kein Zufall oder bloßes Ornament. „Man muss sich nicht alles von sich selbst gefallen lassen!", sagte der Psychologe Victor Frankl, der das Konzentrationslager überlebte. Genau das meint Achtsamkeit: die Wiedergewinnung der inneren Macht, der Selbstkompetenz. An diesem Punkt mündet Achtsamkeit in einen Freiheits- und Zukunftsbegriff. Achtsamkeit ist die Kulturtechnik der reifen Individualität in einer konnektiven Welt.

ACHTSAMKEIT IM DIGITALEN ZEITALTER

Die digitale Welt schafft neue Herausforderungen für den Menschen. Die derzeit zunehmende Überforderung durch digitale Medien bereitet aber auch den Weg für eine neue digitale Achtsamkeit: Der OMline-Lebensstil verkörpert ein ganzheitliches, real-digitales Mindset, das einen reflektierten Umgang mit Digitalität ermöglicht: Wer nicht online ist, sondern OMline, hat sich von den Entfremdungstendenzen der sozialen Medien emanzipiert. Digitale Achtsamkeit lässt uns Zeiten und Räume suchen, in denen wir wieder zur Ruhe kommen und uns voll und ganz auf uns selbst konzentrieren können. Achtsam sein bedeutet deshalb: verbunden sein statt abhängig, emanzipiert von dem Mantra des digitalen „Müssen-Müssens".

Die neuen OMliner haben die digitale Überforderung also nicht einfach durch Abkehr hinter sich gelassen, sondern im dreifachen Sinne der Hegel'schen Dialektik „aufgehoben": Sie haben sie erstens beendet, zweitens in Sicherheit gebracht und drittens auf eine höhere Ebene befördert. Sie sind nicht einfach offline, sondern haben gelernt, das Internet als Resonanzraum zu nutzen. Die Entfremdungserfahrung, die etwa mit einer Facebook-Freundschaft im Vergleich zu einer „realen" Freundschaft einhergehen kann, schreckt sie nicht ab. Soziale Netzwerke werden vielmehr genutzt, um reale Freundschaften zu pflegen – und nicht als Ersatz für echte Beziehungen betrachtet. Der OMline-Lebensstil ist die direkte lebenspraktische Übersetzung einer digitalen Achtsamkeit, hergeleitet von dem meditativen Urklang „Om" – jener Silbe, die bei Hindus und Buddhisten als heilig gilt, als transzendenter Ur-Laut des gesamten Universums. Diese Haltung manifestiert sich in einer ausbalancierten Verbindung von „online" und „Om".

Es geht um ein neues „In-der-Welt-Sein", das die Vernetzung nicht ausblendet oder ignoriert, aber bei allen digitalen Aktivitäten stets darauf bedacht ist, sich selbst zu bewahren und die eigene Integrität zu erweitern. In einer Welt, in der on- und offline, digital und analog zunehmend verschmelzen, sendet der OMline-Trend eine klare Botschaft aus: Nicht die Technik darf unser Leben bestimmen. Sondern umgekehrt: Der Mensch selbst nimmt das Steuer wieder in die Hand. Das Ziel ist eine selbstbestimmte Vernetzung auf humaner Basis, eine „neugierige Abschottung" gegenüber dem Internet: eine real-digitale Balance in vollvernetzten Zeiten.

Achtsamkeit ist die Kulturtechnik der reifen Individualität.

MENTALE SOUVERÄNITÄT IM 21. JAHRHUNDERT

Im 21. Jahrhundert scheint es, als würden die Gegentrends zu den großen Trendentwicklungen und die Synthesen, die sich aus diesem Widerstand ergeben, stärker als die Trends selbst. So führt der Megatrend Globalisierung zu einer verstärkten Sehnsucht nach Heimat und Region – und mündet in den „Metatrend" Glokalisierung. Der Megatrend Individualisierung reanimiert die Suche nach Gemeinschaft – und bringt eine neue Wir-Kultur hervor. Die Steigerung eines haltlosen Konsumismus weckt das Bedürfnis nach Verzicht – und stärkt ein Verbraucher-Mindset, das sinnvolle und nachhaltige Formen des Konsums wertschätzt. Solche Re-Aktionen sind auch die neue Achtsamkeit: In einer zunehmend hypervernetzten, digital und medial überreizten Welt wollen die Menschen ihre eigene mentale Souveränität wiederherstellen. Sie suchen Abkehr von Zwängen und legen wieder mehr Wert auf menschliche Beziehungen. Dies ist der Boden, auf dem der Achtsamkeitsgedanke gedeiht – sowohl gegenüber den eigenen Gefühlen als auch gegenüber der Umwelt und den Mitmenschen. Es erwächst ein tieferes Verständnis, wie das eigene Selbst mit der Welt zusammenhängt und mit ihr in Resonanz gelangen kann.

In einer zunehmend hypervernetzten, digital und medial überreizten Welt wollen die Menschen ihre eigene mentale Souveränität wiederherstellen.

Dieser Text ist ein gekürzter und veränderter Auszug aus der Studie „Die neue Achtsamkeit".

TRENDSTUDIE

DIE NEUE ACHTSAMKEIT

Die Trendstudie „Die neue Achtsamkeit" stellt den Menschen mit seinen Gefühlen und Affekten in den Mittelpunkt und beschreibt, wie sich unter den Bedingungen einer extrem dynamischen Welt unsere Denk- und Handlungsmuster wandeln.

Entschleunigung

Jahrzehntelang war das Leben vom Glauben an Fortschritt und Beschleunigung bestimmt. Wer im Wettbewerb bestehen will, muss schnell, wer siegen will, der Schnellste sein. Wer die eigene Entwicklung voranbringen möchte, sollte die Zeit so effizient wie möglich nutzen. Doch mit den Krisen des 21. Jahrhunderts wird klar, dass dieser Lebensmodus entkräftet und nicht zum Besseren führt. Entschleunigung ist eine zentrale Denkweise in der Krise geworden und wird uns auch weiterhin in eine gute Zukunft tragen, in der Enoughness zum neuen Leitbild wird.

BESSER STATT SCHNELLER

Ständige Erreichbarkeit, Work-Life-Blending und der nie abbrechende Informationsstrom im Internetzeitalter haben zu einem enormen Beschleunigungsempfinden geführt. Um Stress, Burn-out und das Gefühl, das eigene Leben rase an einem vorbei, zu vermeiden, versuchen immer mehr Menschen, das „Jetzt" wieder intensiver zu erfahren, sich auf sich selbst zu besinnen und auch mal bewusst offline zu gehen, um zu einem entschleunigten Lebensstil zu gelangen. Die steigende Zahl an Yogastudios und Meditationsangeboten, Kloster-Retreats, Digital-Detox-Programmen oder auch der Boom der Handarbeit – all das sind Ausdrucksformen des neuen Zeitgeists. „Besser statt mehr", „langsamer statt immer schneller" wird zum Motto auf der Suche nach Gegengewichten zum Alltag auf der Überholspur.

Die Steigerung der Lebensqualität steht dabei absolut im Vordergrund. Besser teureres, aber regional erzeugtes Bio-Fleisch statt täglichen Fleischkonsums. Besser ein kleines, innovatives E-Carsharing-Auto statt eines großen, spritschluckenden SUV. Besser entspannte Zeit für sich selbst und die Familie reservieren statt höheren Gehalts und noch eines Karriereschritts. Bei allen Vorteilen und neuen Freiheiten, die die Modernisierung und Pluralisierung von Lebensmöglichkeiten mit sich bringen: Sie führen auch zu einem enormen Zuwachs an gefühlter und tatsächlicher Komplexität. Das ist die Kehrseite der Multioptions-Gesellschaft: Der Stress steigt. In westlichen Gesellschaften und gesättigten Märkten des Massenkonsums verschiebt sich daher der Wohlstandsbegriff – hin zu dem, was Trendforscher „neuen Luxus" nennen: Die zentrale Lebensknappheit ist nicht mehr der Mangel an Waren, sondern der Mangel an Zeit und Lebensqualität. Zeitwohlstand wird zur Luxuserfahrung, wertvoller als teure Produkte.

ZEIT FÜR MEHR LEBENSQUALITÄT

Die Bewegung, die sich auf die Suche nach Entschleunigung macht, ist beides: die Avantgarde und das Ergebnis eben jenes neuen Bewusstseins für Lebensqualität und des damit verbundenen Wertewandels. Immer mehr Menschen sehnen sich nach einem langsameren, dafür aber klareren, bewussteren Leben. Die Ressource Zeit spielt in unserer Gesellschaft schon jetzt eine zentrale Rolle. In Zukunft wird sich diese Bedeutung noch verstärken. Nicht nur für die Menschen im Privaten, sondern auch für viele Unternehmen wird es in Zukunft zur essenziellen Frage, wie sich Entschleunigung neu erreichen lässt. Über die Stressreduktion bei Mitarbeitern hinaus wird eine Stärkung der Resilienz ebenso wichtig wie ein klarer Fokus und erhöhte Konzentration während Arbeitsprozessen. Die Fähigkeit, in unruhigen Zeiten ruhig und entspannt zu bleiben, wird zentral, ebenso wie deutlich konstruktivere Beziehungen zu anderen Mitarbeitern. Höhere Akzeptanz und Zufriedenheit mit der aktuellen Arbeitssituation, Freisetzung von Kreativität und klarem Entscheidungsmanagement, verstärkte Selbstreflexibilität, Aufgeschlossenheit gegenüber neuen Situationen – all das trägt zu einer neuen, entschleunigten Haltung bei. Es geht dabei also nur vordergründig ums Abschalten, im Hintergrund geht es um den Schutz vor unproduktiven, aber stressigen Ablenkungen und unzufrieden machenden Unterbrechungen des eigenen Denkens und Handelns.

SLOW LIFE: DIE ENTSCHLEUNIGTE STADT

Was mit der Slow-Food-Bewegung begann, ist in den vergangenen Jahren auch in der Stadtentwicklung zur Zukunftsformel geworden: Slow Citys gelten als Orte, die dem wachsenden Bedürfnis nach Entschleunigung, nach Naturnähe, Nachbarschaft und Nachhaltigkeit entsprechen. In ihnen sorgen neue Freiräume, Grünflächen und starke Gemeinwohlorientierung für einen spürbaren Anstieg der Lebenszufriedenheit und der urbanen Lebensqualität und eine Abnahme des städtischen Stresslevels. „Wir sind auf der Suche nach Städten, in denen Menschen leben, die neugierig auf die wiedergefundene Zeit sind, die reich sind an Plätzen, Theatern, Geschäften, Cafés, Restaurants, Orten voller Geist, ursprünglichen Landschaften, faszinierender Handwerkskunst, wo der Mensch noch das Langsame anerkennt, den wohltuenden Rhythmus der Jahreszeiten, die Echtheit der Produkte und die Spontanität der Bräuche genießt, den Geschmack und die Gesundheit achtet“, heißt es dementsprechend auch im Cittaslow-Manifest (Cittaslow Deutschland

2015). Lebensqualität, Entschleunigung und Nachhaltigkeit lauten die zentralen Prinzipien, denen sich diese Orte neu verschrieben haben.

Zeitwohlstand wird zur Luxuserfahrung, wertvoller als teure Produkte.

Dieser Text ist ein gekürzter und veränderter Auszug aus der Studie „Slow Business".

TRENDSTUDIE

SLOW BUSINESS

Die Trendstudie „Slow Business" illustriert anhand von acht Wirtschaftsbereichen den Niedergang der Beschleunigungskultur. Eine neue Epoche kündigt sich an: Das Zeitalter der Achtsamkeit macht Platz für eine Slow Culture, in der Fortschritt jenseits von Schnelligkeit gedacht wird.

Minimalismus

Bislang war „mehr“ immer gleichbedeutend mit „besser“. Diese Logik hat die Menschen im industriellen Zeitalter lange geprägt. Doch viele erkennen in Zeiten des unreflektierten Überflusses, dass es sogar ein „schlechter“ sein kann, das damit herbeigeführt wird. Minimalismus als Denkweise zeigt Alternativen auf: Nicht „mehr“, sondern „weniger“ ist der Leitgedanke, der zu einem „besser“, zu einer höheren Qualität führen kann. Verzicht wird zum wichtigsten Mittel und Genügsamkeit zur Lebenseinstellung, die das Leitbild der Enoughness befördert.

QUALITÄT STATT QUANTITÄT

Der postmoderne Minimalismus ist der Trend des bewussten Verzichts. Für die einen ist der neue Minimalismus eine Art psychische Selbsthilfe, um mit dem Überangebot und der Immer-Verfügbarkeit von Produkten zurechtzukommen und damit das eigene Wohlfühllevel zu erhöhen. Für die anderen ist es der Anspruch, durch das eigene Konsumverhalten die Gesellschaft zu verändern. Manchmal bestimmt er nur Teilaspekte des Alltags, für manche ist es eine in sich geschlossene und kongruente Lebensphilosophie. Während die Motivation der einen eher selbstfokussierter Natur ist, haben die anderen ethisch-ökologische Beweggründe. Diese verschiedenen Intentionen schließen sich nicht zwangsläufig aus, sondern können sich beim Individuum auch mit der Zeit überschneiden oder auf der Skala zwischen intrinsischer und extrinsischer Motivation verändern.

Der Trend zum bewussten Verzicht ist primär ein Phänomen einer Wohlstandskultur und nur für jene Bevölkerungsgruppen wirklich nachvollziehbar, die im Zuviel leben und eine ausgeprägte Konsumkultur kennen. Aktuell wird er aber auch durch die beiden Megatrends Gesundheit und Neo-Ökologie beschrieben. Letzterer ist der Treiber eines neuen Bewusstseins für ethische und ökologische Veränderungswünsche. Der Megatrend Gesundheit hingegen ist verantwortlich für eine sich in den letzten Jahren immer stärker herauskristallisierende Selbstverantwortungskultur des Individuums, in deren Rahmen pragmatisch versucht wird, dem „Ich“ etwas Gutes zu tun, indem man Dinge weglässt. Dahinter steht die Sehnsucht nach Lebensqualität und Verortung in einer Welt, die ein Überangebot an Lösungen und Wahrheiten bereithält und damit zur Entfremdung des Ichs von seinen eigentlichen Bedürfnissen führt. Aber auch die Entfremdung des Wirs von seiner Umwelt wird von den postmodernen Minimalisten als Störung entlarvt.

Das Phänomen des neuen Minimalismus reagiert auf die Verschwendungskultur unseres Zeitalters. Der bewusste Verzicht ist paradox, denn es ist nicht bequem, nicht einfach und macht erst mal keinen Spaß, weil es mühsam ist und Entbehrung von Gewohntem und Komfortablem bedeutet. Doch das Phänomen ist ein Teil des neuen Wunsches der Menschen nach einer neuen Nähe zu den eigenen grundlegenden Bedürfnissen jenseits der Konsumgesellschaft. Die neue

Sehnsucht nach Klarheit, Ordnung und Wohlbefinden durch „less is more" bezieht sich auf alle Bereiche des Lebens – von Ernährungsstilen und Wohnkultur über Kleidungsstil bis hin zu Medienverhalten.

LEBENSWELTEN DES MINIMALISMUS

Das Buch von Marie Kondo, „The Life-Changing Magic of Tidying Up: The Japanese Art of Decluttering and Organizing", machte den Minimalismus in den USA zum Mainstream. Obwohl es kein brandneues Konzept ist, eroberte die Methode rasant Medien und Haushalte. Dabei geht es nicht nur um das Ausmisten des Kleiderschrankes. Die Minimalismus-Bewegung mündet in einer generellen Reduktion von Besitz. Überflüssiges wird gespendet oder anderweitig entsorgt.

War das Leben in „Mobile Homes" einst ein Zeichen von Armut, ist die „Tiny House"-Idee heute ein Zeichen von Größe und Intellekt. Steigende Mieten und Hauspreise in den Städten, der zunehmende Wunsch der Menschen, mobil zu bleiben sowie auch die Idee vom Rückzugsort in der Natur machen die Bewegung so interessant. Der Architekt Van Bo Le-Mentzel ist überzeugt, dass das Modell „Tiny100" mit seinen gerade mal 6,4 Quadratmetern alles bietet, was man zum Leben braucht. Geboren wurde die Idee an der Tinyhouse University in Berlin, welche sich als postmigrantisches Bildungsprojekt versteht und für Recht, Teilhabe und soziale Nachbarschaften einsetzt. Dabei soll ein fiktiver Wert von 100 Euro Miete im Monat zeigen, dass mit kluger Architektur und entsprechenden Wohnkonzepten jeder sich ein warmes Dach über dem Kopf leisten kann.

Mit einem einheitlichen Wohlfühloutfit leben (bzw. lebten) Steve Jobs oder auch Mark Zuckerberg vor, wie Minimalismus in Zeiten eines Fashion-Überangebots funktionieren kann. Der stets einheitliche Look der beiden Mediengiganten während der öffentlichen Auftritte wurde dankbar von postmodernen Minimalisten als Mode-Guideline übernommen und sowohl bei Harpers Bazaar wie auch bei Mashable multipliziert. Auch Ex-US-Präsident Obama erklärte: „I'm trying to pare down decisions. I don't want to make decisions about what I'm eating or wearing. Because I have too many other decisions to make." Ebenso entschied sich Matilda

Kahl, Creative Manager aus Stockholm, nach einer erfolglosen Stunde vor dem Kleiderschrank, sich eine „Arbeitsuniform“ zuzulegen. Sie besteht aus 15 identischen Blusen und sechs schwarzen Hosen, die sie seit nun mehr als vier Jahren zufrieden trägt. Diese Simplifizierung der Mode auf einige wesentliche Kleidungsstücke ist ein Faustschlag für die Dominanz der Fashion-Branche – und spricht gleichzeitig Wachstumskritiker wie Reduktionsjünger an. Hier setzt auch das junge schwedische Label Asket an und verkauft getreu seinem Namen ausschließlich zeitlose Basic-Kleidung – keine Saisonware, keine Trends. Die beiden Gründer August Bard Bringéus und Jakob Dworsky wehren sich damit gegen das Diktat der schnelllebigen Fashion-Branche, in der Filialisten wie Zara immer schneller neue Trends in die Läden bringen und Discounter wie Primark weiter mit Tiefpreisen locken. Asket bietet seinen Kunden dagegen Transparenz: Auf der Homepage kann jeder detailliert nachlesen, wie das Start-up etwa seine T-Shirts kalkuliert.

MINIMALISMUS UND KONSUMGESELLSCHAFT

So erfolgreich der Begriff derzeit ist, so engagiert versuchen auch Unternehmer, die Idee in ihr Konsumkonzept zu integrieren. Von Minimalist Cooking über Minimalist Digital Design bis hin zu Minimalist Ikea reicht die Bandbreite an Produktalternativen, die einen Minimalismus versprechen – allerdings nur, wenn man sie zunächst konsumiert. Eine Vielzahl an Start-ups und kreativen Entrepreneuren füllen die Lücke. Das Geld fließt nun nicht in den Konsum von Produkten, sondern in Dienstleister, die dabei helfen, Verzicht zu üben. So pflegt mittlerweile eine ganze Generation neuer Reise- und Arbeitsnomaden den Lebensstil des Nicht-Besitzens mithilfe solcher Angebote. Häufig nur mit dem ausgestattet, was in das Handgepäck passt, reisen sie ohne weitere materielle Güter durch die Welt. Übernachtungen werden via Couchsurfing, Airbnb und Co-Living-Angebote organisiert, Arbeitsplatz, Autos und Co. werden geteilt. Gegessen wird mittels Social Dining oder Food Sharing. Die neue Sharing Economy ermöglicht es zumindest in den urbanen Zentren der Welt, fast frei von Besitz zu leben. Neue Nachbarschaftsnetzwerke ebenso wie entsprechende Startups und Angebote alteingesessener Unternehmen lassen Besitz überflüssig werden. Auch hier finden sich sowohl Konsumkritiker wie auch Minimalisten wieder. Die kommende Generation hat andere Interessen als das Anhäufen von Materiellem. Die Gratwanderung zwischen einem echten minimalistischen Lebensstil und zwischen Minimalismus als Konsumstil bleibt dabei jedoch offensichtlich.

WEGBEREITER FÜR EINE NEUE WERTE-WIRTSCHAFT

Minimalismus ist ein Lebensstil des Postkapitalismus, der sich jetzt gerade rasant entwickelt. Der Lebensstil handelt schon heute mit dem treibenden Gut der Gegenwart: Informationen. Und lebt schon jetzt jenseits des neoliberalistisch, merkantilistisch oder kapitalistisch geprägten Systems. Die wachsende Gruppe der Minimalisten könnte wegweisend für eine Ökonomie der Zukunft sein: eine, die nicht in unendlicher Schleife von Produkt zu Produkt, sondern die von alternativen Geschäftsmodellen lebt. Die auf Peer-to-Peer basiert und das klassische Handelsdenken unterläuft.

Dieser Text ist ein gekürzter und veränderter Auszug aus der Studie „Die neue Achtsamkeit".

TRENDSTUDIE

DIE NEUE ACHTSAMKEIT

Die Trendstudie „Die neue Achtsamkeit" stellt den Menschen mit seinen Gefühlen und Affekten in den Mittelpunkt und beschreibt, wie sich unter den Bedingungen einer extrem dynamischen Welt unsere Denk- und Handlungsmuster wandeln.

ENOUGHNESS

Next Growth

Aus den individuell neu gedachten Konsumentscheidungen leitet sich ein gesamtgesellschaftlicher Trend ab: das Postwachstum. Auch diese Entwicklung ist nicht neu, bekommt aber durch die Coronakrise neue Brisanz. Es ist an der Zeit, dass wir unser Wirtschaftssystem loslösen von dem eindimensionalen Wachstumsdenken, das es seit Jahrzehnten prägt. Wir sprechen von Next Growth als Denkweise in einer Ära, in der Wachstum neu gedacht und definiert wird – nicht rein quantitativ, sondern qualitativ.

BEFREIUNG VOM WACHSTUMSFETISCH

Seit rund sechs Jahrzehnten setzen wir in unserem Weltverständnis „Wachstum“ mit „Wohlstand“ gleich. Die kapitalistische Wirtschaft steht unter dem Zwang, wachsen zu müssen, um den Status quo zu halten. Diese Eigenlogik dominiert bis heute das Wirtschaftssystem. Dabei sind die negativen Folgen dieses Wachstumsparadigmas inzwischen transparenter denn je. Jahr für Jahr verbraucht der Mensch mehr Ressourcen, als die Erde regenerativ bereitstellen kann. Zunehmend verbreitet sich die Erkenntnis, dass dieser Imperativ des Immer-weiter-wachsen-Müssens unseren Planeten irreparabel beschädigt und die Grundlagen unserer eigenen Existenz gefährdet. Die Forderung nach einem ökologisch verträglicheren Wirtschaften wird lauter, es etabliert sich eine neue Konsumkultur, die auf Nachhaltigkeit und Sinnhaftigkeit ausgerichtet ist.

Spätestens seit der Finanzkrise 2008 hat auch in der Wirtschaft ein Umdenken eingesetzt. Zunehmend stellen Unternehmer soziale und ökologische Verantwortung vor das reine Wachstumsdenken und produzieren nachhaltig. So treibt ein neues ökosystemisches Wertebewusstsein den Trend in Richtung eines neuen Postwachstumsdenkens voran. Dabei geht es nicht um die Abschaffung des kapitalistischen Wirtschaftssystems, sondern um seine Neuausrichtung, um die Frage: Wie kann der Kapitalismus so zukunftsfähig gestaltet werden, dass er ein ökologisch verträgliches Gestalten und Weiterentwickeln gewährleistet?

DIE NEUERFINDUNG DES WACHSTUMS

Eine wegweisende Antwort bietet das Konzept des Next Growth (vgl. Zukunftsinstitut/Reichel 2018): Wachstum wird hier aus seiner traditionellen Beschränkung auf rein ökonomische Kontexte befreit und ganzheitlicher verstanden: gesellschaftlich, menschlich und ökologisch. Wirtschaften bedeutet dann mehr als nur Gewinnmaximierung: nämlich einen Beitrag zu einer besseren und lebenswerteren Welt. Wachstum bekommt damit eine neue Bedeutung und wandelt sich dabei von einem Problem zu einer Lösung, von der die gesamte Gesellschaft und ihre natürliche Umwelt profitieren.

Um diese Entwicklung in Richtung eines progressiven Postwachstums gesamtgesellschaftlich zu etablieren, sind künftig stärkere ordnungspolitische Rahmenbedingungen für wirtschaftliches Handeln gefragt, etwa eine Neujustierung des Steuersystems auf ökologische Verbräuche. Konkrete Ansätze bietet in diesem Kontext das Konzept der Gemeinwohlökonomie: die Ausrichtung aller Wirtschaftsaktivitäten auf gemeinwohlorientierte Kriterien wie Lebensqualität und ökologische Stabilität (vgl. Felber/Posse 2018). Da der Wandel in Richtung eines Next-Growth-Paradigmas stark auf regulative Maßnahmen angewiesen ist, wird das Verhältnis von Wirtschaft und Politik zum eigentlichen Kernthema einer ökologischen Wende: Wie kann dieses Zusammenspiel der Systeme unter den Vorzeichen der Vernetzung aussehen? Entscheidend werden „Bündnisse zwischen den Denkungsarten unterschiedlicher Systeme und Funktionslogiken", sagt der Soziologe Armin Nassehi (Unfried 2019). Um diese Bündnisse schließen zu können, braucht es ein grundsätzliches Verständnis der neuen Netzwerkgesellschaft und Menschen, die zum Umdenken bereit sind.

NEUE WACHSTUMSPERSPEKTIVEN

Wie kann man sich ein verändertes Wachstum konkret vorstellen und welche Perspektiven gibt es? Möglicherweise stehen wir mit dem Postwachstumsgedanken vor einer neuen Wirtschaft, die quantitativ gesehen tatsächlich auch durch fallende oder negative Wachstumsraten gekennzeichnet ist, also nicht mehr primär durch Expansion getrieben wird, sondern durch Konzentration und Kontraktion. Postwachstum bedeutet aber auch ein polit-ökonomisches Verständnis, das grundsätzlich skeptisch ist gegenüber den Entkopplungshoffnungen von Wirtschaftswachstum und Umweltverbrauch. Es sucht deshalb aktiv nach Möglichkeiten, um Wachstumszwänge der quantitativen Art in der Wirtschaft abzubauen und ökologische Nachhaltigkeit mit sozialer Gerechtigkeit in Einklang zu bringen. Das BIP als Maßzahl wirtschaftlichen Fortschritts wird aus dieser Warte abgelehnt, während andere Kenngrößen gesellschaftlichen Wohlstands wichtiger werden. Diese nehmen auch und vor allem nicht-ökonomische Faktoren in den Blick, etwa Zufriedenheit, Gesundheit, Bildung, Demokratie oder eine intakte natürliche Mitwelt.

Wachstum wird aus seiner traditionellen Beschränkung auf rein ökonomische Kontexte befreit und ganzheitlicher verstanden: gesellschaftlich, menschlich und ökologisch.

Dieser Text ist ein gekürzter und veränderter Auszug aus der Studie „Neo-Ökologie".

TRENDSTUDIE

NEO-ÖKOLOGIE

Die Trendstudie „Neo-Ökologie" beleuchtet den gleichnamigen Megatrend, der unsere Gegenwart prägen wird wie kein anderer: Umweltbewusstsein wird vom Lifestyle-Thema zu einer kollektiven Frage, die Klimakrise bildet die Basis für die Entstehung einer neuen globalen Identität.

OPENNESS

Die Zukunft ist offen

Die Coronakrise hat unsere Bilder von der Zukunft bis in die Grundfesten erschüttert. Alles, was wir als gesetzt und geplant betrachtet haben, kollidierte mit einer plötzlich veränderten Realität. Die Zukunft ist wieder unbekannt. Mit dieser Unsicherheit und Ungewissheit umzugehen, fällt uns schwer. Wir versuchen, Altes und Bekanntes festzuhalten, und verlieren dabei unnötig viel Energie. Was hilft, ist eine neue Haltung zur Zukunft.

Erst wenn wir bereit sind, Unerwartetes mit offenen Armen zu empfangen, sind wir überhaupt in der Lage, Neues zuzulassen. Diese innere Haltung der Offenheit gegenüber dem Zukünftigen spiegelt sich im Leitbild der Openness. Sie lässt uns die Zukunft wieder als freundlich und willkommen statt als bedrohlich und furchteinflößend erscheinen. Dann können wir auch die wirklich wichtigen Fragen stellen: Welche Türen öffnet uns die Coronakrise? Welche neuen Chancen können wir erkennen und wahrnehmen? Und: Wie kann das Neue in die Welt kommen? Die Denkweisen Multi-Logik, Serendipity und Playfulness halten uns offen für das Unbekannte und bewahren uns davor, in Routinen und Denkschienen zu verfallen. Das kostet Kraft, aber diese Kraft bekommen wir auch zurück – von den Menschen und Dingen, denen wir uns öffnen. Von einer Zukunft, die uns dann nicht mehr unberechenbar und fremd, sondern vertrauenswürdig und wohlgesonnen erscheint.

Multi-Logik

Unser Denken ist geprägt von Routinen, Erwartungen und Regeln. Das ist praktisch für den Alltag, macht uns aber auch anfällig für unerwartete Ereignisse wie die Coronakrise, die nicht in unsere Gedankenwelt passen und uns daher stark verunsichern und entkräften. Je schneller sich die Welt um uns herum verändert, desto wichtiger wird es, dass wir unsere eigenen Denkmuster verstehen und hinterfragen können. Durch ein bewusst multi-logisches, nonlineares Denken können wir die innere Haltung des Leitbilds Openness annehmen, Neues zulassen und damit auch Zukunft neu schreiben.

DENKEN IN UNBERECHENBARKEIT

Wir denken immer das, was uns am einfachsten zu denken fällt. Wir denken in Heuristiken: mit Daumenregeln, die Denkenergie sparen – und die in Denkfallen führen können. Dieses Energiesparen im Kopf findet auch statt, wenn es um die Zukunft geht. Besonders gefährlich sind Denkfehler wie die „Focusing Illusion" (Kaczmarek 2016): Die Konzentration auf einen Aspekt eines Sachverhalts führt zur Überschätzung seines Einflusses auf die gesamte Sachlage. Die Digitalisierung macht das Phänomen dazu noch viel sichtbarer und drängender. Heute zeigt sich die Realität mehr denn je in all ihrer Komplexität voll unberechenbarer Adaptionen, Reaktionen, Disruptionen und Brüche. Und obwohl uns diese ungeheure Komplexität zunehmend bewusst wird, fällt uns das multilogische, offenere Denken wesentlich schwerer als das simplifizierende, lineare.

Der Psychologe und Wirtschaftsnobelpreisträger Daniel Kahneman nennt diese einfache, kausalitätsaffine Denkweise „schnelles Denken" (Kahneman 2012). Sie erfordert wenig Zeit, bedient sich bereits vorhandenen Wissens und bestätigt bereits bestehende Sichtweisen. Gerade wenn wir eine überschaubare Menge an Informationen besitzen, hilft uns dieses Schnelldenken, um uns in unserer Umwelt wie von selbst zurechtzufinden – gewissermaßen auf Autopilot. In einer datafizierten Welt führt dieses schnelle Denken aber nicht nur immer häufiger in eine Sackgasse, es kann sogar gefährlich werden. Denn je höher die Dichte an Informationen ist, desto weniger funktioniert das lineare Folgern. „Jede Teilung, die wir vornehmen, ist das Resultat unserer Denkweise. In Wirklichkeit besteht die ganze Welt aus ineinanderfließenden Übergängen", so wird der Quantenphysiker und Philosoph David Bohm zitiert. Wirklich problemlösungs- und ergebnisorientiert ist dagegen ein Denken nicht in Absolutheiten, sondern in Korrelationen und Multi-Logiken: ein Denktypus, der nicht primär nach den Gründen, sondern nach Folgen und Wechselwirkungen fragt.

LIQUIDE LOGIKEN

Auch hier hilft die Digitalisierung, dieses andere Denken zu verstehen: Unzählige virtuelle und physische Verknüpfungen, nie versiegende Informationsströme, unablässig fortlaufende Streams, stetig anwachsende Big-Data-Berge: In digitalen Kontexten greifen lineare Modelle weniger denn je. Was dagegen rasant an Relevanz gewinnt, sind offenere Denkkonzepte, in denen es eher um Korrelationen und relative Aussagen geht. Wichtiger als die Frage nach Stringenz und Kausalität wird die Frage, was aufeinander wie Einfluss nimmt und welche Wirkungen diese Verknüpfungen hervorbringen. Das Denken in Linearitäten und einfachen, geschlossenen Kausalitäten ist jedoch fest verankert in der westlichen Bildungstradition. Rationalität ist der Grundwert der Moderne, ein großer Teil unserer Weltanschauung baut auf den Gesetzen der klassischen Logik auf. Wir lernen Mathematik ab der ersten Klasse in der Schule, deduktives Folgern ist unsere natürliche Art, über Sachverhalte nachzudenken, und logische Prozesse übertragen wir selbstverständlich auf den Alltag.

Als kognitive Wesen liegt es uns nahe, Erfahrungen zu kategorisieren, Kausalzusammenhänge zu unterstellen und Prognosen aufgrund logischer Schlussfolgerungen zu treffen. Das Problem ist nur: Jegliche logische Schlussfolgerung braucht eine Prämisse: Einen als wahr und richtig festgesetzten Startpunkt – und dieser Punkt wird zunehmend unauffindbar. Diese „Verflüssigung" des Erkenntnisgrunds ist ein entscheidendes Logik-Problem der heutigen Welt – und macht eine neue nichtlineare Multi-Logik unverzichtbar. Bewegen wir uns in der Komplexität der heutigen Welt, in der wir nicht mehr alles wissen können und Wissen sich immer schneller verändert, stoßen wir mit der traditionellen Denkweise immer wieder an Grenzen. Lineare, monokausale Systeme sind zunehmend die Ausnahme: Politische Verhältnisse, soziale Medien oder Arbeitsumfelder sind meist komplexe, vernetzte, dynamische und rückgekoppelte Systeme. Wirkung und Ursache sind schwer zu trennen und stehen in schwer oder gar nicht durchschaubaren Wechselwirkungen. Diese Komplexität lässt sich nicht auf monokausale Zusammenhänge reduzieren. Das gilt generell für biologische Organismen oder gesamtgesellschaftliche Prozesse genauso wie für die virtuelle Welt, in der es häufig schneller sichtbar wird.

DIE VIER SÄULEN DER MULTI-LOGIK

In der heutigen Welt hilft es also, sich von dem Gedanken einer immer nur objektiven Realität mit universal und beständig gültigen Gesetzen zu verabschieden und stattdessen eine offene Denkhaltung einzunehmen, die multiple Weltsichten zulässt. Diese Perspektiven auf die Welt dürfen unhierarchisch nebeneinander stehen, ohne dass sie sich gegenseitig ausschließen müssen.

Vier Kernmerkmale spielen beim offenen, multilogischen Denken eine Rolle und helfen dabei, sich dieser inneren Haltung anzunähern (Groves et al. 2011):

1. INTUITION: Intuition bezeichnet das unbestimmte Gefühl, etwas zu wissen, ohne es explizit begründen zu können. Es resultiert aus der unbewussten Synthese einer breiten Palette präsenter Informationen und Erfahrungen. Es handelt sich um ein implizites Erfahrungswissen, das umso verlässlicher ist, je mehr Zeit in der Vergangenheit in den Sachverhalt oder die Problemstellung investiert wurde. Es ist an den Erfahrungsschatz eines Individuums gebunden und kann daher nicht durch Schrift oder Sprache vermittelt werden.

2. KREATIVITÄT: Nichtlineare Systeme sind unberechenbar und erscheinen oft chaotisch. Störungen und Disruptionen treten oft unvorhergesehen und ohne klare Ursache auf. Um mit dem Aufbrechen alter Muster umgehen zu können, braucht es einen Denkstil, der flexibel, spontan und kreativ ist. Zentral ist dabei die Fähigkeit, neue Perspektiven einzunehmen und bislang unverknüpfte Elemente zu kombinieren.

3. ERKENNTNIS: Erkenntnisprozesse laufen häufig so ab, dass auf eine frustrierende Phase der rational-analytischen Betrachtung eines Problems eine Phase folgt, in der sich die Aufmerksamkeit von dem zu lösenden Problem abwendet und auf andere Dinge verlagert. In dieser Inkubationszeit werden die Informationen, die in der analytischen Phase gesammelt wurden, weiter vom Unterbewusstsein verarbeitet – losgelöst von restriktiven Vorannahmen und dem linearen Tunnelblick. Wird dieser multilogischen Erkenntnismethode Raum und Zeit eingeräumt, kann wie aus dem Nichts ein Aha-Effekt auftauchen: Plötzlich wird eine ganz neue Lösung für ein lange bearbeitetes Problem sichtbar, eine neue Perspektive oder Verständnisebene erschließt das Big Picture.

4. EMOTION: Zahlreiche Studien belegen inzwischen, dass Emotionen beim Denken und bei der Entscheidungsfindung essenziell beteiligt sind, bewusst wie unbewusst. Neurowissenschaftliche Studien deuten darauf hin, dass unser limbisches System, das eine wichtige Rolle für menschliche Emotionen spielt, unsere Handlungen und Entscheidungen sogar unbewusst kontrolliert, bevor uns diese auf höheren kognitiven Ebenen bewusst werden. Emotionen sind natürlicherweise Teil fast aller mentalen Prozesse, auch wenn sie oft ausgeblendet oder unterschätzt werden. Beim offenen, multilogischen Denken muss die emotionale Dimension nicht nur erlaubt sein, sondern als Richtungsgeber ernst genommen werden – ein klarer Gegensatz zur kalten Rationalität der linearen Logik.

Dieser Text ist ein gekürzter und veränderter Auszug aus der Studie „Digitale Erleuchtung".

OPENNESS

Serendipity

Zufall heißt für uns oft Willkürlichkeit und ist eher negativ besetzt. Dabei sind Zufälle der Nährboden für Neues. Sie durchbrechen starre Routinen und Muster, schaffen neue Möglichkeitsräume, wo vorher keine Option denk- oder sichtbar war. Sie regen unser Denken und unsere kreative Energie an. Wenn wir „günstige, glückliche Zufälle“ als solche zu erkennen vermögen, dann öffnen sich uns neue Welten. Offen zu sein für den Zufall, ihn mit offenen Armen willkommen zu heißen, ist die Grundhaltung, die uns dabei hilft, die Welt von morgen neu und besser zu gestalten.

KREATIVE VERÄNDERUNG DURCH ZUFÄLLE

Das Neue lebt von der Offenheit für den Zufall. Bei dieser Feststellung geht es nicht um den Versuch, den Zufall methodisch zu instrumentalisieren, sondern um die evolutionäre Erkenntnis, dass organisches Wachstum nicht ohne spontane, also zufällige Mutationen, Variationen und Rekombinationen möglich ist, von denen einige sich als schlechtere Variante des Bestehenden herausstellen, andere aber auch als bessere – als eine sinnhafte Weiterentwicklung. Um solche „glücklichen Zufälle" auch in unserem Leben erkennen und für das Gute nutzen zu können, hilft uns ein Serendipity-Mindset: die Achtsamkeit für zufällige Entdeckungen.

Dieses Mindset ist unmittelbar mit der Kreativität des Menschen verknüpft, denn auch hier spielt es eine essenzielle Rolle: Im kreativen Prozess werden die Strukturen von Realität, bestehend aus Sinneseindrücken, Emotionen, aber auch mentalen Konstrukten, immer wieder spielerisch de-konstruiert und mit Offenheit für den Ausgang neu re-konstruiert – dabei entstehen neue Perspektiven auf die Welt. Diese wiederum sind Voraussetzung für das Entdecken neuer Handlungsspielräume. Kreativität kann also als Basis kultureller Entwicklung verstanden werden, sie ist das Erfolgsgeheimnis menschlicher Evolution. „In kultur- und evolutionstheoretischen Ansätzen wird betont, dass die gesamte Evolution und Kulturgeschichte des Menschen als kreativer Prozess beschrieben werden kann. Ohne Erfindungen, Entdeckungen, künstlerische und gesellschaftlich-soziale Innovationen wäre der Mensch nicht das, was er heute ist, und ein zukunftsorientiertes Wesen" (Krampen 2019).

ZUFÄLLE ALS GUTE GELEGENHEITEN

Dem kreativen Dekonstruieren und Rekonstruieren wohnt dabei ein essenzielles Element inne: der Zufall. Durch ihn ist das Ergebnis immer unbestimmt. Kreativität funktioniert wie das Grundprinzip der Evolution, und das lautet, wie es der Psychologe Joachim Funke zusammenfasst: „Schaffe zufällige Mutationen und schaue, was sich bewährt" (Bouchannafa 2018). Sie ist also nicht leider, sondern notwendigerweise mit dem Zufall verheiratet und ihrem Wesen nach durch und durch anarchisch. Dennoch oder gerade deswegen bringt Kreativität als eine ungerichtete, unkontrollierbare Energie die Menschen als (Über-)Lebenskünstler voran und treibt Gesellschaften zur Weiterentwicklung an. Die gesellschaftliche Entwicklung ist dabei nicht zwingend eine lineare Bewegung, sondern kann genauso gut eine Veränderung in Schleifen sein – in wechselweise bessere und schlechtere Richtungen.

Niklas Luhmann bezeichnete Kreativität auch als „Fähigkeit zum Ausnutzen von Gelegenheiten" beziehungsweise als „Verwendung von Zufällen zum Aufbau von Strukturen" (Luhmann 1988). Diese Zufallskompetenz gewinne insbesondere „in hochkomplexen, nicht mehr zentral koordinierbaren (‚heterarchischen') Systemen wie Gehirnen oder Gesellschaften mit steigender Komplexität" an Relevanz. Unsere komplexe Gesellschaft von heute ist dabei das Paradebeispiel für eine solche Umgebung, in der „alles zentrale Planen missglückt". Immer wichtiger wird daher genau jetzt ein Gespür für die „Differenz von Zufall und Struktur": die bewusste Nutzung von Zufällen durch den „Einsatz systemeigener kombinatorischer Möglichkeiten" (ebd.).

SERENDIPITY-MINDSET IN UNTERNEHMEN

Der Weg zu sinnhaften Neuerungen in dieser Welt braucht den Mut zum Experiment: (Spiel-)Räume für subjektives Empfinden, die nicht in Strukturen und Regeln gegossen sind – aber strukturell relevant werden können. Wie das in der Wirtschaft und im unternehmerischen Kontext aussehen kann, zeigen Organisationen, die bewusst Bedingungen schaffen, um den Ideen-Mix ihrer Beschäftigten zu maximieren. Nicht als „Zwangskreativität" in Form von Creative Labs oder mit punktuellen Wellnessmaßnahmen wie Kreativitätsworkshops. Sondern indem die Beschäftigten freie Zeit für eigene Ideen und Projekte jenseits des Arbeitsalltags erhalten, zum „Spinnen" und Entwickeln verrückter Ideen.

Eine Unternehmenskultur, die Freiraum für kreative Innovation gibt, ohne sie einzufordern, lebt von Vertrauen – und von einem neuen Führungsverständnis.

Das bedeutet: Kontrolle abgeben, Spielräume schaffen, Selbstorganisation fördern. Führung wird damit indirekter und subtiler – und zugleich relevanter und anspruchsvoller, weil soziale, kommunikative und systemische Kompetenzen ins Zentrum rücken. Führungskräfte, die Möglichkeitsräume für Kreativität schaffen, bauen externen Druck ab und unterstützen soziale Resonanzerlebnisse. Auch indem sie mit gutem Beispiel vorangehen und sich selbst Freiräume für kreatives Denken gewähren. Erst eine Kultur des Vertrauens und der Angstfreiheit, eine, die nicht vom Perfektionismus dominiert wird, ermöglicht Spielräume für Offenheit, Kreativität und Innovationsfreude. Fehler müssen erlaubt sein und als Chance genutzt werden, gemeinsam davon zu lernen. Ein Unternehmen, das ein gelöstes, ungezwungenes Verhältnis zu Kreativität gefunden hat, ist daher immer auch „Human-centered“, geprägt von einem Klima der Offenheit und des wechselseitigen Respekts. Es geht um Freiheit. Und das heißt auch: um ein Bekenntnis zum Zufall.

Dieser Text ist ein gekürzter und veränderter Auszug aus der Studie „Free Creativity“.

TRENDSTUDIE

FREE CREATIVITY

Die Trendstudie „Free Creativity“ setzt sich kritisch mit der vermeintlichen Allzweckwaffe Kreativität auseinander. Die Publikation entwirft Zukunftsbilder, in denen Kreativität nicht mehr Heilsbringer aller Probleme ist, sondern freie gestalterische Kraft des Menschen.

Playfulness

Einfach mal frei ein paar Gedanken durchzuspielen, so abwegig sie auch zu sein scheinen, das galt lange Zeit als realitätsfremd und unkonstruktiv. Mittlerweile ist das freie Querdenken jedoch nicht nur gesellschaftlich anerkannt, sondern im unternehmerischen Kontext auch gern gesehen. Playfulness ist eine Denkweise, die nicht nur Freiheit erfordert, sondern auch frei macht von eingefahrenen Denkmustern und die Kraft gibt für einen Umgang mit der Zukunft, der von Gestaltungsfreude und nicht von starrer Angst geprägt ist.

SPIELERISCH DURCHS LEBEN

Wir leben und wirtschaften heute in einer hochgradig digitalisierten und komplex vernetzten Gesellschaft. Wir finden uns wieder in einer unübersichtlichen, unbeständigen Realität, die neuen Spielregeln folgt – und in der das Spiel radikal an Relevanz gewinnt. Playfulness ist ein Denk-Prinzip, das uns dabei hilft, mit der Optionenvielfalt, die das Leben im 21. Jahrhundert bereithält, umzugehen und einen eigenen Lebensweg zu finden. Es hilft, Wahlmöglichkeiten einschätzen zu können und Entscheidungen zu treffen.

Playfulness wird auch in Organisationen zu einer neuen Handlungsmaxime. Hier bilden die digitalen Kommunikationstechnologien die Grundlage für die Entstehung ganz neuer Spielformen des Wirtschaftens – und erfordern deshalb von Organisationen spielerische Kompetenzen. In den vergangenen Jahren kristallisierte sich diese Entwicklung verstärkt um das Trendwort „Gamification". Spätestens mit dem Erscheinen von Jane McGonigals Buch „Reality is Broken" (2011), das die Vision einer besseren Welt durch die Anwendung von Spielmechanismen proklamierte, avancierte der Begriff „Gamification" zum Buzzword.

Playfulness hilft, Wahlmöglichkeiten einschätzen zu können und Entscheidungen zu treffen.

VON GAMIFICATION ZU PLAYFULNESS

Gamification bezeichnet die Anwendung spieltypischer Elemente (etwa Punkte, Auszeichnungen, Fortschrittsbalken, Ranglisten, Quests) in spielfremden Kontexten. Ziel ist eine Erhöhung der Motivation für Aufgaben, die als wenig herausfordernd, monoton oder zu komplex empfunden werden. Heute ist Gamification auch im Alltagsleben weit verbreitet, etwa beim Lernen von Fremdsprachen (Duolingo), beim Joggen (Nike+), bei Diäten (Weight Watchers) oder bei der produktiveren Gestaltung von Arbeitsumgebungen (Gameffective). Zunehmend wird Gamification auch im Marketing eingesetzt, um zum Beispiel Kunden zur Vergabe von Facebook-Likes zu bewegen.

Doch je komplexer sich die vernetzte Welt gestaltet, umso deutlicher wird auch, dass das Konzept der „Spielifizierung" neu gedacht werden muss: ganzheitlicher und – im eigentlichen Sinne – spielerischer. Dafür gilt es, das „alte" Verständnis von Gamification zu enttrivialisieren und den Blick zu öffnen für eine neue, positive Vision der Verspieltheit: eine „Playful Gamification", die game und play übergreift und mehr Flexibilität und Beweglichkeit ermöglicht – intellektuell, emotional, organisational. So kann sich die Kraft entfalten, die in der Welt von morgen zum entscheidenden Erfolgsfaktor wird: Playfulness.

PERSÖNLICHES INVOLVEMENT UND DER FLOW

Playfulness ist ein grundsätzliches Umdenken in Richtung eines umfänglicheren Spielverständnisses. Mit einem Playful Mindset wird es möglich, eine spielerische Beschäftigung mit dem ganzen (Spiel-)System zu ermöglichen – und nicht nur durch die Spielelemente selbst. Erst dann können bestimmte Themen, auch in ökonomischen und organisationalen Kontexten, Teil der subjektiven Lebensrealität werden. Ein einfaches Beispiel dazu ist das Lernen in der Schule: Bloßes Pauken führt zu mechanischer Pflichterfüllung mit anschließendem Vergessen. Erst die aktive Auseinandersetzung mit Themen, die persönlich und subjektiv berühren, schafft nachhaltige und kreative Lernerfolge. Gamification-Methoden, die besonders effizient und zielorientiert ansetzen, können deshalb keine nachhaltigen Effekte erzielen. Wichtiger ist es, Werkzeuge anzubieten für Themen, die Menschen wirklich bewegen. Dieser Fokus auf persönliches Wachstum ist einer der beiden Hauptfaktoren für Playful Gamification. Der zweite, unmittelbar damit verbundene, ist das „Flow"-Phänomen. Zusammen bilden sie eine Art Grundschnittmenge zwischen play und game, aus der sich die weiteren Elemente einer Playful Gamification ergeben.

Neuere psychologische Erkenntnisse und Denkmodelle lassen darauf schließen, dass Menschen inhärent darauf ausgerichtet sind, sich persönlich zu entfalten und weiterzuentwickeln. Gemäß der „Self-Determination Theory" (Deci und Ryan 1993, 2000) sind Motivationseffekte dann am stärksten, wenn Menschen sich selbst Ziele setzen, um dann ergebnisorientiert handeln zu können. Spiele können stark dazu beitragen, diese Entwicklung des Selbst zu fördern. Das Ziel eines „echten" Spiels (play) ist es nicht primär, „besser als andere" zu sein – das wäre die Gewinnspiellogik des game. Vielmehr geht es darum, persönliche Potenziale zu entfalten. Entscheidend ist dafür die Erfahrung von Freiheit: die Möglichkeit des Ausprobieren-Könnens als Voraussetzung für persönliche Weiterentwicklung und den Ausbau eigener Kompetenzen. Das Spiel bietet dafür optimale Ausgangsbedingungen – wenn es nicht bloß „übergestülpt", sondern klug mit persönlichen Herausforderungen kombiniert wird.

Eine wichtige Rolle spielen dabei die Playfulness-Aspekte der Autonomie und der sozialen Verbundenheit: „Echtes" Spielen erfolgt ohne externen Druck und ermöglicht soziale Resonanzerlebnisse mit anderen Menschen. Wenn es um Unternehmen geht, die Playfulness als Haltung etablieren wollen, müssen sie deshalb den Blick auf die Kultur und die gelebten Werte innerhalb einer Organisation richten. Im Kern stehen die Themen Vertrauen und Sicherheit: Denn nur, wenn Menschen sich sicher fühlen, trauen sie sich auch zu spielen.

Warum spielen wir? Weil es Spaß macht. Das menschliche Hirn ist gewissermaßen aufs Spielen programmiert – es ist eher ein „Spielzeug" als eine Rechenmaschine. Deshalb geht Spielen stets einher mit einem lustvollen Empfinden und massiven Dopaminausschüttungen – die zugleich eine hohe Bereitschaft erzeugen, sich über längere Zeiträume zu fokussieren und zu konzentrieren. Der

Psychologe Mihály Csíkszentmihályi (1975, 1990) hat diesen „Spielmodus" im Gehirn als „Flow" beschrieben: ein hochinnovativer und -konzentrierter mentaler Zustand des Glücksgefühls, der beim gänzlichen Aufgehen in einer Beschäftigung entsteht – sei es im Schreibfluss, bei einer Ski-Abfahrt oder beim Basteln. Flow ist der Grundmodus des Lernens und hilft uns, Unbekanntes in Bekanntes zu verwandeln. Diese hochgradig fokussierte Aufmerksamkeit und „Selbstvergessenheit" macht Menschen entspannt, kreativ, immun gegen Ablenkungen und offen für Neues – all das, was auch verbunden ist mit dem kindlichen Eintauchen in spielerische Parallelwelten. Der Flow-Zustand bildet eine zentrale Schnittstelle zwischen Spiel und Nicht-Spiel – und damit auch für eine Playful Gamification, für die Stärkung von Playfulness-Potenzialen in nicht-spielerischen Kontexten.

WIE PLAYFULNESS ENTSTEHT

Welche Faktoren sind bei der Anwendung von Play-Prinzipien in nicht-spielerischen Kontexten entscheidend? Im Zentrum stehen vier Aspekte, die beim Design von „Spielräumen" zu beachten sind („Octalysis: Ein Modell für Playful Gamification"):

AUTONOMIE: Als freiwillige Aktivität erfüllt ein Spiel ein Autonomie-Bedürfnis – echte Spiele genügen sich selbst, sind „zweckfrei". Studien zeigen: Druck wirkt sich negativ auf die Spielfreude und -performance aus, und das Hinzufügen von extrinsischen Motivationen (etwa Belohnungen) kann die intrinsische Motivation sogar beeinträchtigen (Sprenger 1991).

EXPLORATION: Spielen bedeutet immer auch Entdecken, Erkunden, Ausprobieren und Lernen: Alle Tiere, die lernen können, spielen, und jedes Kind baut auf spielerische Weise Hirnverschaltungen auf, die es ihm ermöglichen, sich in verschiedensten Kontexten zu bewähren.

SOZIALE RESONANZ: Aus der Hirnforschung ist bekannt, dass Spielen von Angst befreit und verbindet. Spiele sind deshalb auch soziale Aktivitäten des Problemlösens: Die Aufmerksamkeit richtet sich auf das gemeinschaftliche Meistern spielerischer Herausforderungen. Erst durch dieses kommunikative Geschehen entsteht die „Freiheit zum Selbst-Sein".

BEDEUTSAMKEIT: Echte, nachhaltige Transformation braucht Abstand zur alltäglichen Routine und startet mit der Frage nach dem „Warum", nach der Sinnhaftigkeit. Es geht darum, etwas Einzigartiges, Unerwartetes sichtbar zu machen, das die Spieler „erleuchtet" – analog zu den kulthaften Urformen des Spiels, die als Offenbarung des Heiligen galten. Laut der griechischen Mythologie wurde das Spiel von den Göttern erfunden.

Dieser Text ist ein gekürzter und veränderter Auszug aus der Studie „Playful Business".

WHOLENESS

Alles ist eins

Wir haben am eigenen Leib erfahren, wie schnell unsere eigenen kleinen Routinen, die Strukturen von Alltag und Arbeit, in denen wir uns täglich bewegen und an die wir glauben, zerstört werden können. Wir haben eindrücklich erlebt, dass es immer etwas Größeres gibt, von dem wir abhängen – einen größeren Kontext, in dem wir uns bewegen. In Zeiten der Coronakrise kann das Angst machen und ein Ohnmachtsgefühl auslösen. Es kann aber auch eine heilsame neue Perspektive eröffnen, uns befreien von alltäglichen Sorgen – und unsere Kraft sinnvoll lenken.

Der Blick auf das große Ganze kostet zunächst einmal selbst Kraft, ist anstrengend und manchmal auch unbefriedigend, denn er ist nie vollständig, da wir nie alles umreißen können. Wenn wir ihn aber wagen, dann hält er immer und immer wieder aufs Neue eine Erkenntnis für uns bereit, die uns weiterbringen kann – wenn wir mutig genug sind, sie mit in unseren begrenzten Alltag zu nehmen und daraus zu lernen. Er hilft uns aus unserer eigenen Begrenztheit heraus und dabei, uns selbst zu erweitern. Bisweilen hat der Blick auf das große Ganze auch etwas Tröstliches: Er macht Details in unserem eigenen Leben erträglicher, rückt Bedeutungen zurecht. Das macht es wert, sich dem Leitbild der Wholeness zu verschreiben und mit den Denkweisen One Life, Bigger Picture und Purpose die Ganzheit, in die wir Menschen notwendig eingebunden sind, zu sehen und wertzuschätzen. Mehr noch können wir hier jederzeit den unerschütterlichen Sinn all unseres Tuns finden – ein Leuchtstern, der uns auf unserem Weg in die Zukunft zuverlässig begleitet.

One Life

Wo und wie können wir uns als Mensch verorten? Oft sind wir versucht, uns als die Krone der Schöpfung zu sehen. Doch die Coronakrise hat wieder gezeigt, wie eingebunden wir sind in alles, was uns umgibt: die Erde, die Natur, andere Lebewesen, Viren. Wir stehen nicht nur in Abhängigkeiten und sind Kräften ausgesetzt, die wir nicht steuern können, sondern auch unser eigenes Tun erzeugt einen Impact und löst eine Wechselwirkung mit unserer Umgebung aus. Wenn wir das verstehen und verantwortlich damit umgehen, können wir besser handeln.

WILLKOMMEN IM ANTHROPOZÄN

Die Natur ist für uns Menschen – wie für jedes andere Lebewesen auch – Lebensgrundlage und Ressource zugleich. Wir sind von ihr abhängig und ihren Kräften ausgesetzt, gleichzeitig formen wir sie in unserem Sinne. Und das immer mehr. Die Wissenschaft streitet zwar noch um den Begriff, doch mittlerweile sind sich viele Geologen einig: Spätestens mit dem ersten radioaktiven Niederschlag auf der Erde, dem seit dem ersten Atomwaffentest 1945 in den USA noch viele folgen sollten, leben wir in der Epoche des Anthropozän – das Erdzeitalter des Menschen, dessen Beginn für immer in Kernbohrungen der Erde sichtbar bleiben wird (vgl. Davidson 2019).

Mit der Erkenntnis des vor allem auch negativen Einflusses auf die eigene Lebensumgebung waren die Menschen lange Zeit schlichtweg überfordert. Sie waren erstarrt vor Angst vor ihrer Zerstörungskraft und geplagt von einem latent schlechten Gewissen dem Planeten gegenüber. Handlungen sind daraus jedoch wenige entstanden. Angst war und ist also ein schlechter Antrieb und „die Rettung der zukünftigen Welt“ ebenso. Was bislang fehlte, war ein Gedankenkonzept, eine Vision, die für jeden greifbar ist. Was ist also die neue Vision von der Natur?

EINE NEUE VISION VON NATUR

Die Natur als Gesamtheit hat keine Richtung und kein Ziel, es gibt kein ideales Gleichgewicht, es gibt kein gut oder schlecht, sondern sämtliche Ökosysteme sind immer dynamisch und im Wandel. Planeten selbst haben keinen Überlebensinstinkt und der Erde ging es auch früher nicht „schlechter“ mit wenig Artenvielfalt, mit der Eiszeit, mit Klimaextremen – oder ohne den Menschen. An Fragen nach umweltschädlichen Effekten menschlichen Handelns wie dem Klimawandel entfaltet sich also nicht wirklich eine Krise der Umwelt, sondern unserer Bilder vom guten Leben auf der Erde, die plötzlich bedroht sind. Genau genommen gibt es für den Menschen einen „gesunden Planeten“ immer nur im Hinblick auf die besten Lebensbedingungen für ihn selbst. Wenn wir Menschen von der Rettung der Natur sprechen, dann meinen wir eigentlich unsere eigene, die untrennbar mit ihrer Umgebung verbunden ist.

Wir wünschen uns eine ganz bestimmte Art von Natur um uns: Umwelten, die aus menschlichen Errungenschaften bestehen (Städte, Felder, Gärten), aber auch aus Dingen und Lebewesen, die (zumindest scheinbar) nicht von ihnen geformt wurden, so wie Wälder, Rotkehlchen, Bergpanoramen, das Meer – oder die eigene Hauskatze. Diese Natur, die dem eigenen Wohlbefinden, der eigenen Gesundheit zuträglich ist, zu erhalten beziehungsweise zu erschaffen, ist heute das zentrale Anliegen der Menschen. Wo die schädlichen Auswirkungen auf die eigene Gesundheit spürbar werden, steigt die emotionale Involviertheit in das Thema: Die sommerlichen Rekordtemperaturen in Europa haben das Thema Klimawandel konkret spürbar gemacht, das Mikroplastik landet nachweislich nicht nur im Meer, sondern in unseren Körpern, ebenso die Hormone aus Massentierhaltung, der Feinstaub in der Luft. Die Illusion einer Grenze zwischen der Umwelt „da draußen" und der eigenen Biologie löst sich auf. Das macht das Thema Umwelt so persönlich.

Natur ist für uns das Synonym für ein gutes, gesundes Leben. Das Grundmotiv, an dem sich alles orientiert, ist letztlich unsere eigene Gesundheit. Das Wissen um externe Gesundheitsfaktoren und um die Eingebundenheit in größere Zusammenhänge wird dabei immer relevanter, wenn es etwa um den Einfluss von lokalen Industrieaktivitäten auf globale Umweltfaktoren geht oder um den Einfluss von lokalen Gesundheitsentscheidungen (Impfen oder nicht, Genveränderungen oder nicht) auf die Gesundheit der globalen Weltgemeinschaft. Daraus folgt auch die unvermeidliche Erkenntnis, dass ein Individuum alleine nicht die Macht hat, sich die beste aller Gesundheitsbedingungen zu schaffen, sondern dass das nur alle Menschen gemeinsam tun können, unter dem Gedanken der wechselseitigen Beeinflussung durch das eigene Handeln und im Wissen um die Eingebundenheit in größere Zusammenhänge.

HOMO SOCIALIS: WARUM WIR EISBÄREN RETTEN WOLLEN

Warum wollen Menschen Bienen retten, anstatt auf Drohnentechnologie in der Landwirtschaft zu setzen? Warum interessiert Menschen in Europa das Überleben oder Nicht-Überleben des Eisbären? Der soziale Aspekt von gesundheitlichem

Wohlbefinden ist hier von Relevanz. Der Mensch ist ein soziales Gemeinschaftswesen, er braucht Lebewesen um sich herum, und die müssen und sollen nicht nur menschlich sein. Neben ihrem landwirtschaftlichen Nutzen tragen Bienen zu einer lebendigen Atmosphäre bei, die dem Wohlbefinden des Menschen zuträglich ist. Gleichzeitig hat der Mensch ein Interesse daran, dass es den Lebewesen, die ihm am Herzen liegen, gutgeht. Der Mensch ist kein Egozentriker, sondern hat auch Empathie, Ethik und Werte – die Bilder von geschredderten Küken oder von Delfinen, die in Fischernetzen verenden, lassen die wenigsten Menschen kalt. Natur ist und bleibt eine Ressource für die eigene Gesundheit, aber der Mensch denkt heute immer häufiger mit, dass sie ein Teil von ihm ist und er Teil von ihr. Im Kampf um eine gute Zukunft geht es sowohl um globale menschliche Gesundheit als auch um eine generelle Daseinsberechtigung von anderen Lebewesen.

Natur ist und bleibt eine Ressource für die eigene Gesundheit, aber der Mensch denkt heute immer häufiger mit, dass sie ein Teil von ihm ist und er Teil von ihr.

PLANETARY HUMAN HEALTH

Der Mensch wird auch in Zukunft weiter als Zerstörer von Natur auftreten – aber auch als Ermöglicher und Gestalter neuen Lebens und neuer Lebenswelten. Was wir heute erleben, ist das Entstehen einer neuen planetaren Zukunftserzählung, die ein gemeinsames menschliches Anliegen formuliert: die Vision einer bestmöglichen Lebensumgebung für den Menschen – das Gestalten einer lebendigen Natur, die uns guttut. Hier verbirgt sich auch das weitaus stärkere Argument, die Welt zu verändern, als das bisherige Ziel, schlicht den Klimawandel aufzuhalten. Es ist ein positiver, emotionaler Anreiz. So wird die neue gesundheitsorientierte Ökologiebewegung mit einem neuen Bewusstsein für die Untrennbarkeit von Leben auf der Erde voneinander der Motor für die Durchsetzung neuer Arbeitswelten, Gesellschaftsstrukturen, Wirtschaftsformen, Ressourcenkreisläufe und auch Ethiken werden.

Dieser Text ist ein gekürzter und veränderter Auszug aus der Trendstudie „Neo-Ökologie".

TRENDSTUDIE

NEO-ÖKOLOGIE

Die Trendstudie „Neo-Ökologie" beleuchtet den gleichnamigen Megatrend, der unsere Gegenwart prägen wird wie kein anderer: Umweltbewusstsein wird vom Lifestyle-Thema zu einer kollektiven Frage, die Klimakrise bildet die Basis für die Entstehung einer neuen globalen Identität.

Bigger Picture

Das Ganze ist mehr als die Summe der Teile – und der Blick vom Kleinen aufs Große muss notwendig immer unvollständig bleiben. Dabei hilft jedoch ein Blick auf das große Ganze dabei, Dinge besser einschätzen und beurteilen zu können – und zu erkennen, was wirklich wichtig ist. Das Denken im Bigger Picture übt darin, über die eigene, begrenzte Perspektive hinaus auf das Ganze zu schauen, über den Umweg über die Querverknüpfungen, Beziehungen und inneren Zusammenhänge, die das System strukturieren.

DIE KONSTRUIERTE WELT

Aus der Hirnforschung wissen wir: Das menschliche Gehirn ist ein zu 90 Prozent geschlossenes, selbstreferenzielles System, das keinen direkten Zugang zu seiner Umwelt hat – auch nicht über seine Sinnesorgane. Alles, was das Auge sieht oder das Ohr hört, wird nicht vom Auge oder Ohr selbst, sondern vom Gehirn definiert: Die Sinnesorgane transformieren Außenereignisse lediglich in neuronale Aktivitäten, die keine eindeutigen Zusammenhänge zwischen Innen und Außen erkennen lassen. An sich sind alle eingehenden Nervenimpulse gleichförmig, erst das Gehirn macht daraus dann eine Wahrnehmung als Sehen, Hören, Riechen.

Um diese Signale verarbeiten und verwerten zu können, muss das Gehirn, wie jedes komplexitätsreduzierende System, zunächst über Eigenkomplexität verfügen. Diese Eigenkomplexität zeigt sich schon rein quantitativ: Beim Menschen ist die Zahl der Nervenzellen, die rein systemintern tätig sind, weitaus größer als die Zahl der Nervenzellen, die mit der Aufnahme von Außenreizen beschäftigt sind. Das Verhältnis beträgt 100.000 zu eins. Wahrnehmung ist also keine Widerspiegelung der Außenwelt, sondern eine systeminterne Konstruktion einer systemexternen Welt. Das Nervensystem konstruiert ein eigenes Bild der Umwelt.

Am psychischen System lässt sich deshalb gut beobachten, wie Systeme allgemein funktionieren: Sie „managen" die Umweltkomplexität, die Unüberschaubarkeit des großen Kontextes, indem sie die Komplexität filtern beziehungsweise „beobachten". Und „Beobachten" heißt: Sie treffen Unterscheidungen, mit denen sie Informationen für sich auswerten. Dieses Verständnis von „Beobachtung" ist erkenntnistheoretisch relevant.

Die wichtigste Lektion der Beobachtungstheorie ähnelt der Grundvoraussetzung zur Bewältigung von Komplexität: Entscheidend ist die Relativierung des eigenen Standpunkts. In diesem Fall: die Erkenntnis, dass Erkenntnis prinzipiell bedingt und begrenzt ist. Erst so wird ein ganzheitliches, systemisches Verständnis komplexer Zusammenhänge überhaupt möglich.

EINSICHT DURCH BLINDHEIT

Im Kern eines ganzheitlichen Mindsets steht also die Einsicht: Ich kann nur deshalb etwas sehen, weil ich zugleich etwas nicht sehe. Die eigene Perspektive ist der blinde Fleck jeder Beobachtung – und zugleich die Voraussetzung für das Beobachten, die Basis einer eigenen Perspektive. Denn ohne Unterscheidungen kein Beobachten. Dieser Zusammenhang ist nicht nur wahrnehmungsphysiologisch und erkenntnistheoretisch belegt, sondern auch jederzeit praktisch erlebbar: Man kann erst im Nachhinein die Perspektive erkennen, aus der man gesehen hat.

Eben deshalb leben wir in von uns selbst erzeugten Kulturen, die gewissermaßen das Unsichtbare sichtbar machen – und die uns ermöglichen, Überschusssinn zu managen. Für die Netzwerkgesellschaft gilt viel stärker, was auch schon für alle vorigen Gesellschaftsformen galt: Jede Beobachtung hängt ab vom Beobachterstandpunkt, alles ist auch eine Frage der Perspektive. Die „Polykontexturalität" der Welt wird noch einmal potenziert: Die digitale Vernetzung ruft unzählige Unterscheidungen ins Leben – und lässt keine übergreifende, „richtige" Sicht der Dinge mehr zu. Jeder Beobachter beobachtet mit blinden Flecken, die für ihn selbst unsichtbar sind – und die von anderen Beobachtern aufgedeckt werden können. Wer diesen Umstand erkennt und verinnerlicht, bringt eine Basisvoraussetzung mit, um erfolgreich durch die hochkomplexe Welt der Digitalisierung zu navigieren. Die Einsicht in die eigene Blindheit ermöglicht eine ganzheitliche Sicht auf die Welt – auf die Gesellschaft, die Wirtschaft, die eigene Organisation, den eigenen Standpunkt. Als Teil von Systemen, die wiederum Teile von Systemen sind.

DER SYSTEMISCHE BLICK

Diese systemische Sicht steht in vielerlei Hinsicht im Kontrast zu der Art, in der wir lange Zeit zu beobachten gewohnt waren – und in der Entscheidungen traditionell getroffen wurden: Man brach das System in Teile herunter, portionierte es, um diese Teile dann einzeln zu analysieren und zu managen. Dass diese Vorgehensweise in einer hochdynamischen Netzwerkökonomie nicht mehr funktioniert, liegt

> **Jede Beobachtung hängt ab vom Beobachterstandpunkt, alles ist auch eine Frage der Perspektive.**

auf der Hand. Sie ist schlicht nicht komplex genug, um die vernetzte Komplexität einfangen zu können. Ein primäres Kennzeichen der vernetzten Zeit von heute ist die Vielzahl von Interaktionen zwischen den Teilen eines Systems, die ihrerseits situative, hochgradig wandelbare Aggregatzustände bilden. Um diese „fluide" Wirklichkeit begreifen – und auch: „be-greifen" – zu können, ist es wichtig, das Zusammenspiel der Systemelemente in den Blick zu bekommen. Erst die Analyse der Beziehungen zwischen den Teilen eines Systems – ihre Vernetzung, ihre Konnektivität – weitet den Blick für die Emergenz größerer Muster. Erst dieser systemische Blick ermöglicht es, Situationen zu verstehen, Muster zu verändern, bessere Entscheidungen zu treffen.

Warum wird diese systemische Perspektive dennoch erst von wenigen Organisationen praktiziert? Vor allem, weil es keinen einfachen Wegweiser für ihre Implementierung gibt. Ganzheitliches Denken lässt sich nicht einfach verordnen. Es muss „gelebt" werden und kann seine Wirkung erst indirekt entfalten – dann aber umso mächtiger und nachhaltiger. Die Grundvoraussetzung dafür jedoch, der systemische Blick, lässt sich trainieren. Trainingsregel Nr. 1 lautet: Versuche, die Systeme zu sehen, deren Teil du bist. Das ist der wirksamste Weg, um blinde Flecken sichtbar zu machen und zu minimieren. Und damit auch die beste Prophylaxe gegen zwei zentrale Risiken, die in der heutigen Gesellschaft mehr denn je drohen: Filter Bubbling – das umweltblinde Verharren in der eigenen (obsoleten) Weltsicht, und Cargo Culting – die unreflektierte Orientierung an einer externen (imaginären) Weltsicht.

Versuche, die Systeme zu sehen, deren Teil du bist.

DIE ACHT FÄHIGKEITEN DES SYSTEM-DENKENS

Weiterhin sind folgende Denkweisen hilfreich, um den eigenen Blick für das gesamte System zu schärfen, in dem man sich bewegt:

1. DYNAMIC THINKING:
Zirkuläre Prozesse denken statt singuläre Ereignisse; Probleme in einen zeitlichen Kontext einordnen

2. CLOSED-LOOP THINKING:
Denken in Rückkopplungsschleifen (Wechselwirkungen) statt in linearen Kausalzusammenhängen (Wenn-dann-Beziehungen)

3. GENERIC THINKING:
Probleme in einen komplexen, umfassenden Zusammenhang einordnen und generische Strukturen erkennen

4. OPERATIONAL THINKING:
Probleme realitätsnah und praktisch untersuchen

5. CONTINUUM THINKING:
Kontinuierliche Weiterentwicklung der eigenen Annahmen und fortwährendes Aufzeigen verschiedener Handlungsalternativen

6.SCIENTIFIC THINKING:
Messbarkeit der getätigten Annahmen sicherstellen

7. SYSTEM-AS-CAUSE THINKING:
Veränderungen werden nicht extern, sondern durch die Systemstruktur beeinflusst

8. THINKING IN MODELS:
Bewusste Wahrnehmung der Modellbildung anstelle einer angenommenen Wahrheit

Dieser Text ist ein gekürzter und veränderter Auszug aus der Studie „Digitale Erleuchtung“ und aus der Studie „Die Welt nach Corona“.

TRENDSTUDIE

DIGITALE ERLEUCHTUNG

Die Trendstudie „Digitale Erleuchtung“ ist ein Beitrag zum tieferen Verständnis unserer digitalen Welt und hilft sowohl Unternehmen als auch Individuen, sich in der vernetzten Welt sicherer zu bewegen. Der dafür nötige Bewusstseinswandel wird in der Publikation vorgezeichnet.

TRENDSTUDIE

DIE WELT NACH CORONA

In der Trendstudie „Die Welt nach Corona“ werden die sozialen und wirtschaftlichen Konsequenzen der Corona-Pandemie beschrieben. Wie sich die COVID-19-Krise konkret auf unterschiedliche Märkte, aber auch auf unseren Alltag auswirken wird, sind Fragen, die in dieser Publikation umfassend behandelt werden.

Purpose

Die Menschheit steht an der Schwelle zu einer zweiten Renaissance: Bisher haben wir den Sinn für unser Tun darin gesehen, immer besser zu werden und immer weiter zu tun. Dabei lässt sich das menschliche Handeln auch in einem anderen Sinnzusammenhang sehen: nämlich dann, wenn wir dafür nicht nur auf das eigene Leben, sondern auf einen größeren Kontext schauen. Visionäre zeigen, welche Potenziale das Streben nach Höherem mit Purpose als Denkweise entfalten kann.

DRIVEN BY PURPOSE: EINE NEUE ÄRA

Wie mögen wohl die Menschen in 50 oder 100 Jahren über die heutige Zeit denken und urteilen? Einerseits gab es Milliarden von Menschen, die täglich ihren Routinen folgten, streng reguliert lebten und arbeiteten, um sich mit imageträchtigen Konsumgütern zu umgeben, dabei sehnsüchtig auf ihre Rente warteten und es höchstens am Wochenende mal so richtig krachen ließen. Dann gab es Milliarden Menschen, die sich das alles nicht leisten konnten und täglich qualvoll um ihr Existenzminimum kämpfen mussten. Dazu kam eine globalisierte Industrie, die, angetrieben von ihrer Profitsucht, Natur und Mensch als Heizmaterial für den immer weiter vorangetriebenen Fortschritt verbrauchte. Aber worin bestand dieser Fortschritt eigentlich, werden sich künftige Generationen fragen: in einer rasant wachsenden Zahl von Depressionen und Erschöpfungszuständen? In einem größeren Artensterben, dem Vordringen von immer mehr Autokraten und Despoten, dem Wandel des Klimas, dem Clash der Kulturen?

Wahrscheinlich werden die Menschen in etwas fernerer Zukunft unsere gegenwärtigen Handlungsstrategien so absurd finden wie wir heute die mittelalterlichen Praktiken des Aberglaubens und Ablasshandels, der Alchemie, Hexenvertreibung und Inquisition. Aber was werden sie dann anders machen, und wie werden sie anders wirtschaften als wir heute?

EINE NEUE RENAISSANCE

Vor mehr als 500 Jahren vollzog sich ein fundamentaler Wandel im menschlichen Denken und Handeln: Die Renaissance stellte vieles auf den Kopf, was vorher Selbstverständlichkeit war, entdeckte das Selbst als Mittelpunkt der Welt, befreite es aus seiner Einfügung in eine göttliche Ordnung und übertrug ihm die Verantwortung der Selbst-Bestimmung. Dieser Schritt leitete ein neues Zeitalter ein, die Neuzeit, in der Freiheit und Wohlstand, Glücksmaximierung und Weltbeherrschung die zentralen Programmbausteine der Menschheit wurden. Ein neues Denken bildete den Rahmen für ein anderes Handeln.

Die Zeit gab nun den Ton an. Sie wurde knapp und trieb die Entwicklung in einen Beschleunigungsrausch, der bis heute andauert, der uns aber mittlerweile auch rasant an die Grenzen unserer Möglichkeiten und an die der Welt bringt. Es knirscht und kracht an allen Ecken und Enden. Es scheint, als könnten wir mit dem nun jahrhundertelang antrainierten neuzeitlichen Denken, das uns ursprünglich befreite, die selbsterzeugten Probleme nicht mehr lösen.

Die logische Konsequenz kann da nur lauten, ein neues Denken zu initiieren, das den Rahmen sprengt, in dem wir operieren, das eine völlig neue Perspektive eröffnet. So wie die Renaissance die heiligen Kühe des Mittelalters schlachtete, müsste eine erneute Zeitenwende viele unserer heutigen Selbstverständlichkeiten auf die Müllhalde der Geschichte verfrachten. Damit wäre der Weg frei gemacht für ein Zeitalter, in dem die Absurdität unseres heutigen Vorgehens plötzlich offensichtlich würde und die sinnvolle Neuausrichtung zur zwangsläufigen Folge. Doch worin bestehen die uns behindernden heiligen Kühe?

Der Philosoph Charles Taylor hat in seinem epochalen Werk „Die Quellen des Selbst“ einige überkommene Selbstverständlichkeiten der Neuzeit freigelegt. Zwei davon sind in diesem Kontext entscheidend: zum einen der omnipräsente Utilitarismus. Wir bewegen uns gegenwärtig in einem engmaschigen Mittel-Zweck-Gewebe, das uns mit seiner quantifizierbaren Rationalität jederzeit den Weg zur maximalen Lösung weist: ein in sich abgeschlossenes System, das jedwede Gegenperspektive ausschließt. Damit zusammenhängend hat sich die „Bejahung des gewöhnlichen Lebens“ als Generalmoral globalen Handelns durchgesetzt. Produktion und Reproduktion sind demnach unser alleiniger profaner Lebenszweck, der den Vorteil hat, ebenso mit einer quantifizierbaren Rationalität abgebildet werden zu können. Alles andere ist da bestenfalls Esoterik und schlimmstenfalls gefährlich.

Das nicht Quantifzierbare wird in irrationale Bereiche wie den der Religion abgeführt, wo es mittlerweile unübersehbar Blüten treibt. Qualitative Unterscheidungen wie die Idee eines höheren Lebens und Strebens wurden hierbei einfach zugunsten der quantitativen Konzepte größtmöglicher Zahlen geopfert. Die Vorstellung des „Höheren“ als Sinngeber und Leitinstanz wurde quasi wegrationalisiert. Das Resultat: Die Menschen stürzen sich kopfüber in ihr homogenes Universum der rationalen Berechnung.

ETWAS HÖHEREM DIENEN

Wenn wir an diesem Zustand etwas ändern wollen, müssen wir das grundlegend tun. Wir müssen dem Qualitativem gegenüber dem Quantitativen wieder zu seinem Recht verhelfen, die Unterscheidung von Pflicht und Neigung aufgeben und eine riesengroße Bresche schlagen für die Begeisterung, sich etwas Größerem, Höherem zu widmen, darin einen Sinn zu erkennen und sich dafür zu engagieren mit allem, was man ist und was man hat. Großartige Unternehmen tun heute genau das: Sie widmen sich einem großen, manchmal sogar ehrenvollen Sinn – und machen Unternehmenszwecke wie „Umsatz" oder „Gewinn" zum nachgelagerten Erfüllungsgehilfen:

- SpaceX hat die Besiedlung des Mars in den nächsten zwanzig, dreißig Jahren zu seiner Mission auserkoren
- Viva con Agua ermöglicht die Wasserversorgung in Problemgebieten
- Starbuck's will seine Cafés zum „Third Place" (neben Arbeit und Zuhause) in unserem Leben machen
- Lego arbeitet dafür, dass das gute Spielen auf der Welt triumphiert
- Google verfolgt das Ziel, uns alle Informationen der Welt zugänglich zu machen

Gewiss kann man unterschiedlicher Meinung darüber sein, ob dies alles unmittelbar zur Verbesserung der Welt führt. Meine These aber ist: In den genannten Fällen tut es dies zumindest mittelbar, weil jedes Unternehmen, das aus dem reinen Mittel-Zweck-Utilitarismus ausbricht und deutlich mehr verfolgt als die Maximierung der finanziellen Profite, zu einem Übertritt in das neue Zeitalter beiträgt. In

das Zeitalter des Sinns, in dem die heiligen Kühe des Utilitarismus und der „Bejahung des gewöhnlichen Lebens“ ersetzt werden.
Die Pointe ist: Unternehmen und Menschen, die „Driven by Purpose“ sind, die einen „höheren“ Sinn in den Mittelpunkt ihres Wirkens stellen, eröffnen eine neue Perspektive. Wo diese Perspektive genau hinführen wird, können wir noch nicht wissen. Wir können aber annehmen, dass sie uns deutlich mehr Möglichkeiten gibt, mit den Problemen der Neuzeit umzugehen – und uns zugleich die Kraft einer intrinsischen Motivation bereitstellt, die uns mit der Energie zur Veränderung und Verbesserung der Welt versorgt. Die große Lust des Lebens und Arbeitens besteht dann nicht im Maximieren von Materiellem und Erlebnissen, sondern in der Begeisterung und der Leidenschaft beim Folgen „höherer“ Tugenden.

Die Wiederentdeckung von Sinn, von Höherem und Größerem im ökonomischen und lebenspraktischen Alltag bietet uns die Möglichkeit, die Menschheit in eine völlig neue Ära, in ein neues Zeitalter zu überführen – so wie beim Übergang vom Mittelalter zur Neuzeit, nur sehr viel kondensierter. Darin liegt ein enormes Begeisterungspotenzial. Lassen Sie es uns gemeinsam nutzen!

*Dieser Text ist ein Wiederabdruck des Online-Artikels:
zukunftsinstitut.de/artikel/driven-by-purpose-eine-neue-aera/*

ONLINE-ARTIKEL

AUTOR

Dominic Veken – Managing Director BrightHouse (Berlin), a BCG company

WHOLENESS

Mut zum Handeln!

Nicht nur das Bessere zu denken, sondern auch das Bessere zu tun – das wird darüber entscheiden, wie die Zukunft wird. Der Mut zum Handeln ist das letzte Puzzlestück, das einen Wandel der inneren Leitbilder und Denkweisen erfolgreich in die Welt kommen lässt. Wenn wir unsere Kräfte wieder gebündelt haben und die Marschrichtung klar ist, steht uns nichts mehr im Wege, eine Zukunft zu gestalten, die wir gut und lebenswert finden!

HARRY GATTERER

Der Geschäftsführer des Zukunftsinstituts unterstützt Unternehmen dabei, relevante Trends zu erkennen und zu nutzen. Seine Erfahrung aus über 20 Jahren als Trend- und Zukunftsforscher sowie als Unternehmer lässt er in eigens entwickelte Methoden einfließen, mit denen er KMU ebenso wie internationale Konzerne und öffentliche Institutionen berät.

DIE OFFENHEIT DES ZUKÜNFTIGEN

Auch wenn man oft den entmutigenden Eindruck gewinnen könnte, dass die Zukunft schon geschrieben ist – das ist sie nicht. Künstliche Intelligenz (KI), autonome Fahrzeuge und ein verändertes Weltklima werden Teil unserer Zukunft sein, keine Frage. Aber: Was wann genau kommt und wie wir als Gesellschaft damit umgehen, ist noch sehr undeutlich. Daher braucht es Mut, sich der Zukunft in all ihrer Offenheit zu stellen. Mut ermöglicht es, sich über die Konventionen des zeitgeistigen Denkens hinwegzusetzen und ein neues Denken anzunehmen und einzuüben. Mit Mut können wir zu Zukunftsgestaltern werden!

Es gibt zunächst zwei Arten von Zukunft: die abwesende und die anwesende Zukunft. Die abwesende ist jene Form der Zukunft, die in den meisten Fällen gemeint ist, wenn es um Zukunft geht. Wir sprechen ja auch von einer Zukunft, die „auf uns zukommt". Wir spekulieren darüber, was diese Zukunft bedeuten wird und wie wir schon heute darauf reagieren können. Dann nehmen wir einen beliebigen Zeitraum an, etwa das Jahr 2030, und imaginieren. Diese abwesende Zukunft ist und bleibt abstrakt und distanziert. Wir schreiben fort, was wir gerade erleben. Und wir klären, was wir über diese Zukunft schon wissen können. Doch ein großer Teil dieser abwesenden Zukunft ist unbekannt. Das erzeugt Unsicherheit.

Mut ermöglicht es, sich über die Konventionen des zeitgeistigen Denkens hinweg-zusetzen und ein neues Denken anzunehmen und einzuüben.

Es gibt aber auch Gewissheiten über die abwesende Zukunft: So wird es weiterhin Tag und Nacht geben, wir werden mit Entscheidungen aus der Vergangenheit leben müssen, und wir können uns vieler systemischer Bedingungen nicht entledigen, von der Erwärmung des Weltklimas bis zum aktuellen technologischen Fortschritt. Dieser „bekannte" Teil der abwesenden Zukunft ist es, dem sich ein Großteil der Zukunftsforschung widmet.

Was lässt sich nun demgegenüber unter der anwesenden Zukunft verstehen? Auch sie verfügt über bekannte und unbekannte Variablen. Auf der bekannten Seite befindet sich zum Beispiel das Wissen über unser Potenzial, das wir jederzeit einsetzen können. Oder unsere Fähigkeiten: Wir wissen, dass wir die andere Seite der Straße erreichen können, wenn wir uns aufrichten, den Verkehr beachten und losgehen. Auch die bewusst wahrgenommenen Emotionen zur Zukunft gehören dazu: Hoffnung (auf etwas hin) oder Angst (vor etwas) sind die stärksten. Hoffnung treibt uns in der Gegenwart an, Angst hält uns in Schach und verengt. Auch unsere Modelle im Kopf, unsere Leitbilder und Denkweisen zur Zukunft zählen zur bekannten Seite der anwesenden Zukunft: Wie treffen wir Entscheidungen, worin sind wir sicher?

Zur unbekannten Seite der anwesenden Zukunft gehören dagegen Phänomene und Eigenschaften, die uns selbst verdeckt sind: blinde Flecken, nicht erkannte Potenziale oder nicht entdeckte Manipulationen anderer, die uns in Richtung einer ganz bestimmten Art von Zukunft drängen wollen.

Diese anwesende Zukunft ist immer gegenwärtig – und doch so selten Teil unserer Zukunftsüberlegungen. Dabei ist diese Zukunft für uns eigentlich viel greifbarer und hat unmittelbar mit jedem Einzelnen zu tun. Sie nährt sich aus der Melange aus Erfahrungen und Intuitionen, Talenten und Fähigkeiten. Sie ist die eigentlich viel interessantere Zukunft, weil wir mit ihr direkt arbeiten können. Wir können sie beeinflussen – und sogar unsere Vorstellungen der abwesenden Zukunft wandeln.

IRREFÜHRUNGEN: DIE VERGANGENE UND DIE GEMACHTE ZUKUNFT

Wenn wir unsere Wahrnehmung und unser Denken über die Welt verändern, verändern wir unsere Welt. Dasselbe gilt für die Zukunft. Doch dafür brauchen wir ein Bewusstsein, eine Idee von uns selbst, als Mensch – was wir sind, sein wollen und sein können. Dafür müssen wir uns freimachen von äußeren Einflüssen, die uns von diesem Weg abbringen.

Oftmals bewirken die für viele bedrohlich wirkenden Verheißungen der (abwesenden) Zukunft ein Verrücken unserer Erwartungen. War die Zukunft lange Zeit ein Sehnsuchts- und Hoffnungsraum, so hat sich das in den vergangenen zwei Jahrzehnten brutal gedreht. Die (abwesende) Zukunft verheißt Unsicherheit und Ärger, sodass wir uns liebend gern von ihr verabschieden wollen. „Great Again" ist aus Marketingsicht genial: Wenn ganze Nationen wieder „zurück" wollen, kann die Zukunft nur noch hinter uns liegen. Die anwesende Zukunft wendet sich mit ihrem Potenzial dann nicht der abwesenden zu, sondern dreht sich um und wünscht sich das Vergangene wieder herbei. Damit fühlen wir uns sicher, aber es ist kein wirklicher Ausweg und keine echte Antwort für oder auf die Zukunft.

Ein weiterer hinderlicher Einflussfaktor sind die vielen Screens, die uns begleiten. Screens sind die idealen Medien für unser Hirn: Was auf ihnen geschieht, dringt unmittelbar und ohne Umwege in unser Denken ein. Man muss sich schon sehr dagegen wehren, will man die bildgewaltigen Inhalte auf Screens ignorieren. Wir alle kennen das: Hängt ein Screen in einem Lokal, schaut man immer wieder unvermittelt hin. Uns selbst aber hält das in einem Korridor meist irrelevanter Information gefangen. Wir werden aus jeglicher aktiver Wahrnehmung der Welt (und der Zukunft) gedrängt, unsere inneren Bilder werden zunehmend zu Abbildern von Screens – der Blick auf die bekannte Zukunft (anwesend wie auch abwesend) wird verstellt. Das Unbehagen steigt, und die ureigene Fähigkeit des Menschen, sich die Zukunft vorstellen zu können, gerät ins Wanken. Dann kommen wir so weit, dass wir die Zukunft als programmiert und gegeben annehmen. Die irrelevanten Bilder der Screens werden schrittweise und unbewusst zu unserer Repräsentanz der Zukunft. Dann ist die Zukunft schon gemacht.

DIE EIGENE IDEE VON ZUKUNFT

Keine Frage: Die Zukunft ist verstellt, verdreht und verrückt. Aber gemacht? Mitnichten! Um eine eigenständige Idee von der Zukunft, eigene Leitbilder und mentale Frames zu haben, braucht es vor allem eines: eine eigene Vorstellung der Zukunft in allen vier Dimensionen: abwesend, anwesend, bekannt, unbekannt. Je breiter wir eigenständige Zugänge, Bildwelten und Erfahrungen sammeln, desto weniger sind wir von den irrelevanten Bildwelten der Screens abhängig. Je mehr wir die anwesenden Dimensionen der Zukunft für uns selbst erkunden, desto differenzierter und klüger können wir mit der abwesenden Zukunft agieren. Dann brauchen wir der Marketingwelt des Silicon Valley nicht umfassend zu glauben. Dann brauchen wir keine Angst zu entwickeln angesichts scheinbar unüberwindbarer Herausforderungen. Dann können wir Entscheidungen treffen, die sich nicht der Kakofonie des Business-Boulevards anschließen, sondern solche, die klug, stark und visionär sind.

Da wir heute aber eingelullt sind in einen ganzen Strom von Irrelevanz, benötigt dies den Mut jedes Einzelnen, sich gegen die Masse und Beeinflussungen von außen zu stellen und für die eigenen Überzeugungen einzustehen. Dabei ist Mut nichts Heroisches, Großartiges. Mut ist etwas sehr Persönliches. Für den einen bedeutet Mut, sich mit einer Gitarre in der Hand vor seine Familie zu stellen, für den anderen geht es um das Erklimmen eines Viertausenders. Mut ist individuell und persönlich. Im Kern bedeutet Mut die Überwindung einer bislang für sich selbst gesetzten Grenze, und sei sie noch so klein.

DIE ZUKUNFT FÜHLEN

Unsere Emotionen helfen uns dabei, von unseren Überzeugungen ins Handeln zu kommen. Emotionen sind sowohl treibende als auch hinderliche Kräfte, sie sind wertend und berührend. Auch sind sie die Triebwerke für die Zukunft und mit ihnen können wir herausfinden, zu welchem Zukunftsbild wir auch eine emotionale Verbindung haben. Folgende Fragen im Hinblick auf die Zukunft helfen, das zu erkennen:

- Was macht Hoffnung, was Angst?
- Was bringt Freude, was Leid?
- Wie wirkt Mitgefühl, wie Schadenfreude?
- Was macht stolz, und wofür entsteht Scham?

Emotionen machen sichtbar, welche Leitbilder und Denkweisen bereits zu unseren inneren Bildern geworden sind. Wenn wir mit diesen inneren Bildern, nennen wir sie Visionen, nach außen blicken, auf das Abwesende, dann entdecken wir dort völlig neue Facetten und Möglichkeitsräume. Dann haben wir auch die Kraft, eine Resonanz nach außen und in Gruppen zu erwirken. Visionen erschaffen kongruente Vorstellungen der Zukunft, die motivieren und orientieren. Nach den eigenen Visionen zu handeln ist nicht trivial und ist oft eine Arbeit wider den Zeitgeist. Aber sie ermöglichen uns, die Zukunft als offen und motivierend wahrzunehmen – und mutig loszugehen, um unsere Zukunft zu gestalten!

Dieser Text ist ein gekürzter und veränderter Auszug aus dem Zukunftsreport 2019.

REPORT

ZUKUNFTSREPORT 2019

Der Zukunftsreport 2019 handelt vor allem von vitalen Retro-, Gegen- und Rebellionstrends. Die ökologische Zukunft liegt nicht in der Rückkehr zur Natur, sondern in NatureTech. Gegen die Fake-Welt tritt eine Bewegung der radikalen Ehrlichkeit an.

NUR MUT!

Quellenverzeichnis

Intro

Blom, Philipp (2020): Das große Welttheater. Von der Macht der Vorstellungskraft in Zeiten des Umbruchs. Wien

Lotter, Wolf (2020): Sortierhilfen. In: brand eins 2020. brandeins.de

Le Guin, Ursula K. (2020): Am Anfang war der Beutel: Warum uns Fortschritts-Utopien an den Rand des Abgrunds führten und wie Denken in Rundungen die Grundlage für gutes Leben schafft.

Connectedness

RESONANZ
Rosa, Hartmut (2016): Resonanz: Eine Soziologie der Weltbeziehung. Berlin

REAL-DIGITAL
Davies, William (2015): The Happiness Industry. How Government and Big Business Sold Us Well-Being. London

Zukunftsinstitut (2015): Die neue Wir-Kultur. Wie Gemeinschaft zum treibenden Faktor einer künftigen Wirtschaft wird. Frankfurt am Main

FREE RELATIONS
timthevagabond (2017): The Peer-To-Peer Economy Is Taking Shape And Blockchain Technologies Are Poised To Set The Foundation For A Decentralized World. In: steemit.com

GEMEINSINN
Mayer, Helmut (2011): „Im tiefsten Sinne sind wir soziale Wesen". Interview mit Michael Tomasello. In: faz.net, 23.11.2011

Enoughness

ACHTSAMKEIT
de Botton, Alain (2014): The News: A User's Manual. Pantheon

Hanson, Rick (2014): Hardwiring Happiness: How to Reshape your Brain and your Life. Rider

ENTSCHLEUNIGUNG
Cittaslow Deutschland (2015): Cittaslow. Internationale Vereinigung der lebenswerten Städte. 2015

NEXT GROWTH
Felber, Christian und Posse, Dirk (2018): Gemeinwohl-Ökonomie: Wachstum der Ziele – oder der Mittel? In: Zukunftsinstitut (Hg.): Next Growth. Wachstum neu denken. Frankfurt am Main, S. 100–102

Unfried, Peter (2019): „Ziele formulieren kann jeder". Interview mit Armin Nassehi. In: taz.de, 15.06.2019

Zukunftsinstitut und Reichel, André (Hg.) (2018): Next Growth. Wachstum neu denken. Frankfurt am Main

Openness

MULTI-LOGIK

Groves, Kevin; Vance, Charles & Choi, David (2011): "Examining Entrepreneurial Cognition: An Occupational Analysis of Balanced Linear and Nonlinear Thinking and Entrepreneurship". In: Journal of Small Business Management 2011, 49c(3), S. 438–466

Kaczmarek, Lukasz et al. (2016): "Would You Be Happier If You Looked Better? A Focusing Illusion". In: Journal of Happiness Studies, Vol. 17, Issue 1, S. 357–365

Kahneman, Daniel (2012): Schnelles Denken, langsames Denken. München

SERENDIPITY

Bouchannafa, Johanna (2018): Wie entsteht Kreativität? Interview mit Joachim Funke. In: jetzt.de, 11.05.2018

Hogrefe Verlag GmbH & Co. KG (Hg.) (2019): Kreativität: Die Psychologie des divergenten Denkens und Handelns. Interview mit Günter Krampen, hogrefe.de

Luhmann, Niklas (1988): Über „Kreativität". In: Gumbrecht, Hans-Ulrich (Hg.): Kreativität – Ein verbrauchter Begriff? München. S. 13–19

PLAYFULNESS

Csíkszentmihályi, Mihály (1975): Beyond Boredom and Anxiety: Experiencing Flow in Work and Play. San Francisco

Csíkszentmihályi, Mihály (1990): Flow: The Psychology of Optimal Experience. New York

Deci, Edward L. und Ryan, Richard M. (2000): „Self-Determination Theory and the Facilitation of Intrinsic Motivation, Social Development, and Well-Being". In: American Psychologist 55, S. 68–78

McGonigal, Jane (2011): Reality Is Broken: Why Games Make Us Better and How They Can Change the World. New York

Sprenger, Reinhard K. (1991): Mythos Motivation: Wege aus einer Sackgasse. Frankfurt am Main

Wholeness

ONE LIFE

Davidson, Nicola (2019): Das Zeitalter des Menschen. In: freitag.de, 31/2019

Ausblick

Gatterer, Harry: Future Room. Entdecken Sie die Zukunft Ihres Unternehmens. Hamburg 2018

Das Zukunftsinstitut

ZUKUNFTSKOMPETENZ FÜR WIRTSCHAFT UND GESELLSCHAFT

Das sind wir:

Wir forschen für die Entwicklung von Menschen und Organisationen.

Wir begeistern Menschen für ihre Zukunft.

Wir sind kritische Zukunftsoptimistinnen und -optimisten und überzeugt, dass die Zukunft ein Gestaltungsraum ist – unsere Chance.

Das tun wir:

RESEARCH & PUBLISHING

Wir erforschen, bewerten und beschreiben die wichtigsten Trends – auch im Kundenauftrag. In unseren Publikationen analysieren wir die relevantesten Zukunftsthemen. Mit unseren Studien, Reports und anderen Formaten schaffen wir mehr Orientierung und zeigen neue Perspektiven und Lösungen auf, um Impulse für mehr Innovationskraft zu liefern. Wir erarbeiten präzises Trendwissen und machen es zugänglich.

CONSULTING

Wir sind spezialisiert darauf, die wirklich relevanten Trends und Megatrends für Ihr Unternehmen zu identifizieren, Ihre Chancen im Wandel von Wirtschaft und Gesellschaft zu analysieren, die Konsequenzen und Potenziale für Ihr Unternehmen herauszuarbeiten und gemeinsam Ihren Fahrplan in die Zukunft zu entwerfen.

COMMUNITY

Wir sind davon überzeugt, dass Zukunft gestaltet werden kann und eine bessere Welt damit beginnt, dass Sie Ihre individuelle Welt weiterentwickeln. Durch regelmäßige Perspektivwechsel, Denkanstöße, Resonanzerfahrungen und Zukunftsbegegnungen. Kommen Sie in den Future Circle, unsere Business Community, und sichern Sie sich Ihren Vorsprung im Wettbewerb!

EVENTS, TRAININGS & KEYNOTES

Unser Tochterunternehmen Future Day ist Ihre Anlaufstelle, um die Forschungsergebnisse des Zukunftsinstituts live zu erleben: Durch Top-Rednerinnen und -Redner erfahren Sie, wie schnell Unsicherheit in Enthusiasmus, Angst in Faszination und Orientierungslosigkeit in Inspiration umschlagen kann. Lassen Sie sich bei der Organisation und Konzeption Ihres Events unter die Arme greifen oder bilden Sie sich und Ihr Team mit Trainings in den entscheidenden Zukunftsfeldern weiter.

Zukunft ist das Produkt unserer Entscheidungen.

www.zukunftsinstitut.de

zukunftsInstitut

MANIFEST

1
Wir erkennen, benennen und beschreiben die Zukunft.

2
Wir denken ganzheitlich und systemisch.

3
Unsere Arbeit öffnet neue Räume im Denken.

4
Unsere Erkenntnisse erhöhen die Zukunftskompetenz.

5
Unser Ziel ist Wirksamkeit.

6
Wir wirken, indem wir frühzeitig erkennen.

7
Wir stehen für einen kritischen Zukunftsoptimismus.

Und:
Du darfst Zukunft auch neu denken.